现代管理会计理论剖析与实践创新研究

杨 舒 刘 蓉◎著

吉林人民出版社

图书在版编目（CIP）数据

现代管理会计理论剖析与实践创新研究 / 杨舒，刘
蓉著. -- 长春 : 吉林人民出版社，2024.5. -- ISBN
978-7-206-21140-9

Ⅰ. F234.3

中国国家版本馆CIP数据核字第2024PW0968号

现 代 管 理 会 计 理 论 剖 析 与 实 践 创 新 研 究
XIANDAI GUANLI KUAIJI LILUN POUXI YU SHIJIAN CHUANGXIN YANJIU

著　　者：杨　舒　刘　蓉
责任编辑：孙　一　　　　　　　　　封面设计：牧野春晖
出版发行：吉林人民出版社（长春市人民大街 7548 号　邮政编码：130022）
印　　刷：长春市华远印务有限公司
开　　本：710mm × 1000mm　　　　1/16
印　　张：12　　　　　　　　　　　字　　数：215 千字
标准书号：ISBN 978-7-206-21140-9
版　　次：2024 年 5 月第 1 版　　　　印　　次：2024 年 5 月第 1 次印刷
定　　价：79.00 元

如发现印装质量问题，影响阅读，请与出版社联系调换。

前 言

　　本书全面而系统地探讨了管理会计的各个方面，共分为七个章，旨在为读者提供一个深入且全面的管理会计知识体系。第一章是管理会计的认识，介绍了管理会计的基本概念、特点及作用以及发展演变等基础知识；第二章研究了业绩评价与平衡计分卡，从三个不同的维度对构建企业的业绩评价指标进行了深入研究；第三章是管理会计与经营决策，从企业短期经营决策和长期经营决策两个角度，阐述了不同经营决策的特点和其在企业中的应用；第四章为管理会计与预算管理，包括企业预算与预算管理体系、构建全面预算管理体、大数据与企业全面预算管理的优化等内容；第五章为战略管理与成本控制，包括企业战略管理会计及其内容、实施企业战略管理会计的基本方法以及企业战略管理会计视角下的成本控制三个方面的内容；第六章对资金配置与成本控制进行了讨论，从资金配置理论、资金配置与企业成本会计的关系以及现代资金配置会计体系的构建三个角度进行了深入分析；第七章探讨管理会计视域下的企业财务风险控制，主要包括企业的财务风险与财务危机概述、管理会计与企业财务风险控制以及企业财务危机预警系统的构建等内容。

作　者

2024 年 4 月

目　录

CONTENTS

第一章　管理会计的认识

第一节　管理会计认识

在财务与管理的学术领域中，"管理会计"这一词汇对研究者来说并不陌生。然而，尽管这个领域已经有一定的研究深度，但对于"管理会计"的确切定义在学术界并未形成共识。这种情况也反映出学者们在管理会计研究上的不同理解和观点。有些在管理会计领域有深远影响的学者就提出过疑问，"管理会计"究竟应归类于"会计学"的分支，还是应被视为"管理科学"的一部分，这仍然是一个悬而未决的问题。同时，由于"管理会计"的教学内容与"成本会计""财务管理"等课程存在内容上的重叠，因此也有人质疑"管理会计"是否有必要作为一门独立的学科存在。

20世纪90年代以来，新的概念如"战略管理会计"等逐渐兴起，这些新兴理念对管理会计产生了深远影响。在这种影响下，越来越多的研究者倾向于将管理会计从会计研究领域中分离出来，将其视为管理学的一部分。

"管理会计"在定义和学术范畴上的模糊性，部分原因在于其研究历史的相对短暂，以及研究出发点的多样性导致的基础学术定义的差异。此外，当管理会计概念在改革开放后引入我国时，为了使其更快地被学术界接受，它被归入"财务会计"的范畴，而将财务会计无法涵盖的内容全部归入"管理会计"，则导致了管理会计的内容体系显得较为混乱。

为了更好地理解和研究管理会计，我们可以尝试将其分解为几个层面，如"管理会计人员（职业）""管理会计信息系统"。这样的分解可能有助于我们更清晰地理解管理会计，并减少一些复杂的争论。

一、管理会计人员（职业）

管理会计的从业人员就是企业组织或者社会组织等机构中的会计，他们受组织机构的聘用，用自己的专业知识为机构提供服务。从这个层面来说，实际的会计工作中是不存在管理会计专职从业群体的。之所以这么说是因为，美国最重要的两个会计职业资格考试 CPA（Certified Public Accountant）和 CMA（Certified Management Accountant），其中 CMA 是在组织内部的为管理者服务的会计人员，为了能够更好地区分会计的企业责任，我们将其称为管理会计。除我国之外，很多国家在会计从业领域都有类似的职业分类，具有相当的普遍性。

从职业分类和责任界定的角度出发，我们可以更好地理解企业中管理会计人员的职责范围。一般来说，管理会计人员会涉及所有的会计工作，但需要注意，"内部审计"并不属于管理会计的职责。在美国，《管理会计》一书作为会计教育的经典教材，已经多次再版。通过此书，我们可以深入了解组织机构中会计的岗位职责，这些职责主要包括记录账目、提醒注意和解决问题。然而，这种职责划分并没有明确区分"会计"和"管理会计"的不同。

1982 年，英国成本与管理会计师协会对管理会计的定义进行了修订，明确指出管理会计是为管理当局提供所需信息的会计工作。其目标包括制定政策、计划和控制企业活动、保护财产安全、向外部人员反映财务状况、向职工反映财务状况以及对备选方案进行决策。这个定义清晰地界定了管理会计的职责，并涵盖了通常被认为是财务会计外部报告的内容。

从会计的"经管责任"理论来看，我们可以理解为什么会产生这种理解上的"混淆"。组织机构的会计人员受雇于管理者，而管理者需要通过财务数据向投资者证明自己履行了劳动合同和工作责任。从这个意义上说，会计对外部投资者提供的服务实际上是管理者工作职责的一部分，他们代替管理者履行了一部分管理职责。因此，保护财产安全及提供对外财务报告和经营数据也同样是管理者的责任。

在组织机构内部的会计工作中，尽管会有详细的分工，如会计记录、成本核算和资金管理等，但从类别上来看，并没有严格的区分。管理会计和财务会计之间的界限非常模糊，从广义上来说，组织内部的每一个会计人员都可以被视为管理会计。从 CMA 资格考试的科目和内容来看，也涵盖了财务会计、财务管理、经济、管理、法律、信息技术等多个方面，这与我国的会计人员职业资格考试类似。

　　明确"组织内的会计就是管理会计"这一基本理念，对于提高组织内部会计工作的效率和会计信息服务能力具有重要的推动作用。从会计的日常工作来看，"记账、算账、报账"是基本且主要的工作内容。然而，在这种工作背景下，很多人错误地认为传统会计就是财务会计，其职责仅限于"记账、算账、报账"，而"管理会计"则被视为一种新的会计工作类型，承担着传统会计工作之外的额外任务。我们必须纠正这种片面的认识，因为企业财务信息的整理和记录需要每一个会计人员和每一个会计岗位的辛勤付出。当然，对管理会计的界定在一定程度上体现了现代企业对会计人员更高的能力要求，这也是每一个会计人员应该具备的视野和格局。

二、管理会计信息系统

　　管理会计信息系统，作为管理会计人员的重要工具，一直以来都在为企业的管理者提供着关键的决策信息。这个系统不仅仅是技术的集合，更是信息与管理的融合。与对外财务报告所提供的信息不同，管理会计信息更注重内部决策者的实际需求，它更加灵活，可以根据管理者的要求提供多角度、多维度的数据支持。

　　管理会计信息的一个显著特点是其针对性。它并不受固定会计准则和会计制度的严格约束，这使得它在处理问题时具有更大的自由度和灵活性。它不仅可以回顾过去，分析现在，还可以预测未来，为企业的战略规划提供有力的数据支撑。此外，其报告周期也相对灵活，可以根据企业的经营状况和决策者的需求进行合理调整，这既体现了其实时性，也反映了其适应性。

　　随着管理者职责的变化、工作重心的调整以及管理方式的创新，管理会计信息系统也在不断地演变和发展。这种演变不仅体现在其定义和职能上，更体现在其与财务会计信息系统的关系上。从历史的角度看，管理会计与财务会计曾被视为两个独立的系统，但随着时间的推移，人们逐渐认识到，尽管它们各自有着不同的侧重点和目标，但在实际操作中，二者之间的联系却是无法割断的。

　　有学者曾提议将管理会计信息系统与财务会计信息系统完全分离，以便更清晰地界定各自的职责和范围。然而，这种提议在实际操作中却遇到了诸多困难。首先，从成本效益的角度来看，分设两个信息系统会大大增加企业的运营成本，而且并不一定能够提高信息的质量和效率。其次，两个系统的信息虽然有所不同，但在很大程度上是互补的。管理会计提供的内部信息与财务会计提供的外部信息共同构成了企业完整的财务画像，这对于决策者来说是非常有价值的。最后，从技术操作的角度来看，通过先进的技术手段，我们可以在一个统一的信息系统中同时满足管理会计和财务会计的需求，这无疑是一种更为高效和便捷的方式。

正是由于上述原因，尽管管理会计与财务会计在理论上有着明显的区别，但在实际操作中，组织往往选择将它们整合在一个统一的信息系统中。这种整合使得对内服务信息和对外服务信息在形式和结果上具有很大的重复性，可能是导致人们对管理会计和财务会计认识混淆的一个重要原因。然而，这种混淆并不一定是消极的，它反而可能促使我们更深入地思考和理解这两个领域的内在联系和区别。

随着信息技术的不断进步和创新，我们有理由相信，管理会计信息系统将会变得更加高效、精准和智能化。它将能够更好地满足组织内部决策者的需求，为企业的可持续发展提供更有力的支持。同时，随着人们对管理会计和财务会计认识的不断深化，这两个领域之间的界限也将变得更加清晰和明确。

三、管理会计课程

在对管理会计和财务会计进行认识的过程中，教育过程中的课程划分也是一个可能引起混淆的因素。为了培养学生的专业素养，会计教育通常会根据不同学习内容的特点来设定相应的教学课程。然而，在实际的教学实践中，由于学校、专业、教学对象及教材和教师的差异，即使在相同的教学计划下，课程设置也可能产生差异。这导致学生即使在完成管理会计课程的学习后，仍可能难以准确描述管理会计的概念。

管理会计，作为会计学和管理学的交叉领域，是通过提供会计信息以辅助管理决策的一门学科。其发展过程中，称呼和技术标准都经历了多次变化，例如从"成本会计"更名为"管理会计"，以及在技术上出现了定量和定性的测量标准。这些变化都在不同时期的管理会计教材和课程中得到了体现，展示了管理会计学的发展历程。只要组织机构需要管理活动和经营决策，就需要管理会计信息的支持，因此管理会计和财务会计的职业分工及会计教育领域的划分就不会消失。

关于"管理会计"与"财务管理"课程内容的重叠问题，在会计领域内似乎存在一种普遍认识，即财务管理主要负责会计信息统计，而管理会计则更侧重于管理职能。这与管理会计的发展历史和所依据的会计理论密切相关。例如，在我国计划经济时期，由于经济形态和资金来源的相对单一性，财务会计中并未明确区分管理会计与财务会计。然而，随着改革开放的深入和经济的多样化发展，企业的资金来源变得丰富多样，管理会计在企业决策中的地位也日益凸显。

管理会计与财务会计之间的界限在教育过程中可能因多种因素而变得模糊。然而，随着经济的不断发展和会计理论的不断完善，我们对这两者的理解也将更加深入和明确。

第二节　管理会计的发展与演变

管理会计是一门以应用为目标的学科，管理会计理论研究的最终目的是促进会计实务的发展与进步。如果我们仅从管理会计理论研究的文章和书籍出发对其研究状况进行概括的话，我们可以将管理会计理论的发展进行描述。管理会计的早期研究仅仅是对现象的客观描述和会计经验的总结，到20世纪中期管理会计理论研究迎来了一次突破，理论上形式完美的决策模型成为理论研究的主流，但由于会计实践的复杂，导致决策模型在会计实践中的应用性非常差。因此，模型化研究开始逐渐回到以会计实践为基础的研究轨道。伊特内尔和拉克尔在评价20世纪90年代以来的管理会计经验研究时说，管理会计的研究发展过程最突出的特点是受到实践变化推动程度（虽然有一些滞后）的影响，最终能够与会计实践更好地衔接的研究方式得到了人们的认可。

伊特内尔和拉克尔参考国际会计师联合会（International Federation of Accountants，1998）文件，将管理会计的实践分为四个阶段：

第一阶段，20世纪50年代以前，这一时期管理会计实践的重点研究是通过预算和成本会计系统进行财务控制，为企业财务管理与经营创造稳定的基础。

第二阶段，到20世纪60年代中期，管理会计的研究重点开始转移到规划控制与信息供给，这一阶段将管理控制（management control）和战略性计划（strategic planning）及运行控制（operational control）明确区分开来。虽然这一时期的管理会计研究在形式上和逻辑上更为严密，但是将管理会计研究局限在会计责任范畴，则削弱了管理会计的实际应用效能。

第三阶段，20世纪80年代中期开始，管理会计的发展出现了新的变化，控制和集中性的信息供给不再是管理会计关注的重点，减少业务浪费、提高企业运作效率、规范企业运作规程成为管理会计研究追求的目标。

第四阶段，20世纪90年代中期开始，管理会计的研究范畴开始拓展，传统的财务决策和预算控制不再是管理会计关注的基础性目的，企业战略方法、强调识别、计量和管理影响股东价值的关键性财务和运行的动因，逐渐与传统目标一起构成了新的管理会计体系。20世纪末计算机技术迅速发展，在计算机超强计算能力的辅助下，管理会计衍生出了一系列的技术方法，其系统的构成逐渐复杂化、精细化。

一、管理会计的发展

（一）早期的管理会计实践

约翰逊和卡普兰在1987年的著作《相关性消失：管理会计的兴衰》中，详细描绘了早期管理会计的实践历程。他们从19世纪初的纺织、铁路、钢铁及零售等行业开始，深入剖析了这些企业在成本会计、信息管理、定价策略及内部绩效评估等方面的实际操作与经验。值得注意的是，当时的管理会计对于企业的规划和资本运作的会计信息的利用相对较少。

技术的进步推动了工业化进程的加速，自 19 世纪末起，人们开始对企业的机械化生产效率进行深入研究，弗雷德里克·泰勒便是其中的佼佼者。而在第一次世界大战前的 20 多年里，管理会计学者与工程师们对标准化成本信息服务的三大目标进行了深度挖掘：检查资源使用效率，利用标准与实际成本之间的差异来控制运营成本，以及简化存货估价并评估企业的盈利能力。

随着 20 世纪初众多企业在联合经营中崛起成为行业领军者，约翰逊和卡普兰专门用了两章的篇幅来探讨垂直一体化企业和多部门分散型企业在管理会计方面的实践。

此时期的管理会计实践中，预算管理和投资报酬率评价法应运而生，其核心在于如何在企业内部的各种活动中合理分配资本。同时，成本会计领域也出现了两大争议点：间接成本是否应分摊到产品上，以及如何确定内部产品的转移价格。在销售部门，管理会计面临的新挑战是如何结合科学定价与利润补偿计划来制定分散决策模式，并在业绩评价中综合考虑价格、销售量和存货周转率。在分散经营的模式下，为了协调各级目标及企业的长短期效益，人们开始更加重视预测、弹性预算、差异分析、目标责任和部门业绩评价。

约翰逊和卡普兰指出，截至 1925 年，一系列关键的管理会计技术方法已经发展成熟，包括为人工、材料和制造费用设立成本账户，编制现金、收入和资本预算，实施弹性预算、销售预测，采用标准成本、差异分析，设定转移价格及进行部门业绩评价。然而，此后管理会计实践的创新步伐几乎停滞，唯一的显著进展是资本预算中的贴现现金流量方法。其他管理会计方法的增进则主要来自经济学、运筹学和会计学领域学者的贡献，例如本量利分析、产品组合与盈利性分析，以及剩余收益指标等。

（二）20 世纪中期的管理会计实践

罗伯特·斯卡蓬斯（Robert W. Scapens）在 1985 年的著作中深入剖析了 20 世纪中期的管理会计实践，他尖锐地指出这一时期的特点是"理论与实践的脱节"。他提到的"理论"主要指的是当时教科书中广泛推崇的管理会计技术和方法，被他称为管理会计的"传统知识体系"。

当时，研究者们在实际调查中发现了一个令人费解的现象：尽管成本习性分析在管理者眼中具有重要地位，但在实际工作中进行此类分析的情况却寥寥无几。更令人惊讶的是，许多管理者声称自己了解变动成本，但他们的公司却仍坚持使用"吸收成本法"，而非学术界所推崇的"变动成本法"。为了深入探究这一现象，有研究机构进行了专门的调查。结果显示，在观察的99个定价决策公司中，近95%的公司选择了"吸收成本法"，而仅有5%的公司采用"变动成本法"提供信息。

研究者们还发现，管理会计研究中涉及的复杂数学模型往往与会计实践存在出入，并不被企业会计从业人员所接受。除了企业会计人员的专业能力有待提高外，使用大量复杂技术手段进行会计活动也会使企业的会计管理变得更为复杂。因此，在这一时期，仅有少数简单易操作的管理会计方法在实践中得到了应用。

与20世纪80年代后期以案例研究为主的研究方式不同，20世纪70年代的大部分会计调查是通过问卷方式完成的。研究者们注意到，虽然管理者们使用了教科书中的术语（如变动成本和固定成本）以及边际成本等分析方法，但他们也同时沿用了传统会计实践中的某些财务信息，如企业的吸收成本。这表明，尽管有新的数据模型和统筹方法使管理会计在理论上更为精细和科学，但在实际应用中，由于各种客观条件的限制，这些方法往往难以充分发挥作用。因此，传统的会计工作方法仍是会计实践的主流。在这种背景下，众多学者开始呼吁对管理会计进行改革，以期提升其理论高度和实践品质。

（三）20世纪80年代以来的管理会计实践

作为对约翰逊和卡普兰"相关性消失"论断的回应，受英国特许管理会计师协会（The Chartered Institute of Management Accountants，CIMA）的委托，布罗姆维奇和布哈伊默尼（Bromwich & Bhimani）于1989年出版《管理会计——发展而不是革命》这一著作，他们在该著作中指出，技术的进步和市场环境的变化对管理会计提出了新的工作要求，管理会计需要根据时代的发展进行变革，但忽视管理会计发展和工作传统的变革是行不通的。1994年他们又出版了第二部相关著作《管理会计——发展的方向》。这两位学者在五年间对很多学者的研究进行了实证考察和验证，并结合20世纪80年代以后管理会计发展的趋势，对创新方法在管理会计这一领域进行了评价，指出了其的优势和面临的困难，这里我们对他们的研究成果进行简要总结。

1. 作业成本法

作业成本法在管理会计中的实际应用受到了广泛关注。其独特的优势在于能够更迅速、精确且便捷地提供相较于传统成本系统更为科学的成本信息。这些信息为企业产品成本的控制提供了有力的决策支撑。通过文献的梳理，我们发现作业成本法适用于多种类型的企业，并且这些企业对其表现出浓厚的兴趣。

从会计实践的角度看，不同的生产、经营和财务目标会催生出不同的财务操作方式。值得注意的是，在实际操作中，任何财务统计和成本数据都不可避免地受到个人主观判断的影响。在企业生产过程中，采用作业成本法进行成本核算和统计时，会受到诸多条件的制约。例如，企业生产流程的先进性、管理水平是否会影响生产链上其他环节的成本，不同的作业环节之间是否存在规模经济效应，以及企业生产中的无形成本在企业总成本中所占的比例等。

作业成本法的应用不仅取决于管理者对传统成本系统成本扭曲程度的评估，还涉及管理者对新系统应用成本的判断，以及他们的认知和情感因素。实际调查显示，间接费用的会计处理是会计实务界对管理会计最不满意的一个方面。作业成本法的提出正是为了解决管理会计在这一环节上的不足。然而，从目前的企业财务会计统计来看，作业成本法并未得到全面推广。即使是一些引入作业成本法的大型公司，也只是进行了间接性、局部性的实验和推广。通过了解这些大公司，我们发现大多数公司更关注会计制度的变化对会计信息处理的影响，只有少数企业采用了全面的作业成本法进行成本核算和会计统计。从这个角度看，作业成本法缺乏更广泛的样本群体来进一步探讨其规律性。从技术层面看，技术能力不足、资金短缺和人力资源管理系统的落后都是阻碍作业成本法在企业中全面推广的因素。

一项对加拿大企业的调查显示，作业成本法在该国还处于早期阶段，其发展落后于美国。在 352 个样本企业中，有 67% 的企业没有采用作业成本法（其中近一半的企业甚至没有听说过它），14% 的企业已经或正在采用，4% 的企业在仔细考虑后决定放弃，其余的企业则刚刚开始接触这种方法。20 世纪 90

年代初对英国企业的几项调查也报告了类似的情况，大约三分之一的企业在考虑这种新方法，而大约 10% 的企业已经开始采用。由此可见，"标准成本法和预算控制系统应该被取代"的说法还为时过早。另一项对美国制造公司成本管理实务的调查显示，超过 60% 的企业中，人工成本占企业总成本的比例不超过 15%，而损耗性成本和间接成本占企业总成本的比例却超过了 25%。这项调查表明，传统成本统计是建立在人工成本比重超过 25% 基础上的。然而，随着科学技术的进步和机械化生产的普及，人工成本在企业成本中的比重不断下降。因此，传统成本管理系统正逐渐被时代的发展所淘汰。

2. 质量管理与质量会计

在知识经济时代的浪潮下，科学技术日益显现出其在推动社会生产力发展上的核心作用。这个时代，知识就是力量，科技就是生产力，它们共同推动着社会的进步和企业的发展。对于企业而言，如何利用这些先进的技术和高效的管理手段来提升自身的管理质量和产品质量，就显得尤为重要。

在这个过程中，全面质量管理的理念逐渐深入人心。它强调以顾客为中心，通过全员参与、全过程控制、持续改进等手段，不断提升企业的管理水平和产品质量。这种管理理念的影响深远，它不仅改变了企业的生产方式和管理模式，还对会计领域产生了深远的影响。

在全面质量管理理念的影响下，会计领域发生了两个显著的变革。首先，质量控制和严格的质量管理标准开始渗透到企业的各个管理部门和生产部门。这意味着，无论是产品设计、生产还是销售，都需要严格按照质量标准进行，确保每一个环节都符合质量要求。这种变革使得会计部门也面临着新的挑战和机遇，需要适应新的质量标准和工作标准，以更好地服务于企业的质量管理。其次，管理会计所提供的信息必须能够如实反映企业的管理质量及企业的生产经营状况。这是因为，企业的管理者需要通过对比管理质量与经营状况两方面的信息，来做出科学的发展决策。这就要求管理会计不仅要关注企业的财务状况，还要关注企业的管理效能和运营情况，为管理者提供全面、准确的信息支持。

管理目标和管理手段的变化必然要求管理会计关注的内容也进行相应的调整。在这个过程中，更多的企业决策信息和经营信息被纳入管理会计的信息系统当中。这些信息不仅包括财务数据，还包括非财务数据，如客户满意度、内部流程效率、员工满意度等。通过整合这些信息，管理会计能够为企业管理者提供更加全面、深入的分析和建议，帮助企业实现更好的发展。

在知识经济时代和全面质量管理理念的影响下，会计领域正在经历着深刻的变革。这些变革不仅提升了企业会计部门的工作标准和质量标准，还使得管理会计的信息更加全面、准确和有用。这对于企业的稳健成长和科学决策具有重要意义。

3．战略管理会计

布罗姆维奇与布哈伊默尼强调，尽管"战略管理会计"这一术语是近年才兴起的，但企业运用其核心理念的历史却相当悠久。值得注意的是，战略成本分析咨询服务的庞大市场，主要由几家大型咨询公司所占据。如今，《财富》500强中的许多公司会计长，他们的角色愈发重要，不仅参与战略计划的制定，还提供非正式建议与数据分析。

毕马威会计公司的一项研究显示，美国公司在制定战略和规划时，对外部信息的依赖度相对较低，他们更倾向于使用本年度的财务报告作为关键的决策工具和信息源。作业成本管理的焦点仍然是企业的内部成本，而非消费者对产品特性或增值特性的市场认知。从这个视角看，战略会计管理规划能够更好地服务于企业的长期发展目标，通过实现短期目标来逐步累积，最终达到长期的战略规划。

有多个案例探讨了实践中的战略管理会计方法。例如，某自行车公司从战略角度对产品进行升级规划，制定经营决策，而非局限于短期的生产策略。又如，一纸板企业通过对产品组合的价值链成本进行核算，从市场和产品差异化的角度进行新的市场规划和战略定位，为企业的长远发展打下坚实的基础。再比如，某日化公司从产品特性的顾客价值与成本对比出发，对新产品的设计和开发进行战略性的规划和指导，使产品在同类竞争中占据优势。

一份来自美国的调查报告试图探索计算机集成制造系统环境中成本会计的变化。规范性分析表明，计算机和人工智能技术的发展使得计算机系统能够集成制造系统，企业的主要成本和资源库也因此在计算机系统中建立起联系。会计报告可以自动生成，并通过程序设计将数据集中在企业战略规划层面，从而摆脱传统的生产成本原则。然而，这项调查结果并未能为预期的研究目标提供强有力的支撑。从结果来看，尽管计算机数据采集和模型分析能够迅速为企业的决策者提供战略层面的信息，但由于底层和细节数据的缺乏，使得企业在提升管理质量方面面临挑战。当然，将计算机技术引入现代会计管理是一种必然趋势，这一潮流和发展方向是不可逆转的。

在英国的调查也揭示了类似的现象：信息技术的应用和计算机的使用显著减少了会计管理人员在操作系统和保管上所花费的时间，大大提高了会计人员处理信息的能力。但这似乎并没有促使会计管理人员将更多精力投入到为管理者提供决策支持的预期目标上。

在日本企业中，管理会计的一个重要职能是帮助企业实现目标。会计师在实施"目标成本法"方面发挥着重要作用。目标成本法以市场为基本导向和统计基础，针对企业的每一种产品和每一个生产环节，无论是企业自身还是供应商，都以降低成本为目标。这种方法能够从细节入手，整体降低企业的经营成本，从而提升企业的经营能力和管理质量。

4. 业绩评价

布罗姆维奇与布哈伊默尼在研究中指出，日本公司与美国公司在经营理念上存在显著差异。对于美国公司而言，股东收益与投资报酬率同时被视为公司的首要目标。相反，日本公司则更倾向于先追求目标市场的增长，而后再考虑投资回报率或销售利润。这两种截然不同的企业经营理念体现了不同地域商业文化的独特性。

根据英国的调查结果，分公司在进行业绩考核时，通常采用目标利润或投资报酬率作为指标，而较少采用剩余收益。同时，管理会计主要关注的问题集中在产品成本计算和获利能力分析上。然而，一个值得注意的趋势是，业绩评价中非财务指标的使用正在增加。对苏格兰10家电子公司的调查发现，绩效计量正逐渐强调非财务因素，如产品质量、运输效率、新产品发布时间及顾客满意度等。此外，一项针对美国企业的调查也发现，除了关注传统的财务业绩指标（如收入、成本、利润和盈利效率）外，企业还开始重视市场份额、劳动生产率及售后服务等其他要素。同时，对供应商的服务也进行了等级评定，显示出企业经营链条的日益规范化和信息数据作用的日益凸显。

布罗姆维奇和布哈伊默尼揭示了管理会计实践的诸多变化，同时也发现了许多抵制变化的实例。这表明管理会计实践仍处于一个动态发展的环境中，并不断适应和演进。

福斯特和杨在《管理会计研究前沿》中分享了他们对管理会计实践变化的深入调查。他们通过多次研讨会，收集了近三百位实践者关于 20 世纪 80 年代与 90 年代管理会计问题的开放性比较意见。这些意见为我们提供了关于管理会计实践变化的宝贵见解。

二、我国的管理会计发展

（一）我国的管理会计研究

我们系统地收集和归类了 1991 年至 2022 年期间典型的管理会计文献。根据发表时间、内容、研究性质、背景及主题和成果等维度，对这些资料进行了详尽的划分。整理过程中，我们发现在 20 世纪 80 年代后期，我国的管理会计学研究进入了一个小高潮。这一时期的文献内容与关注点紧密结合，展现了我国学术界务实的研究氛围，这无疑是我们研究的亮点。

然而，与同期的国外研究相比，我国在管理会计研究的深度和广度上仍存在一定的差距。具体来说，我们缺乏针对性、数理性和实验性的研究，导致研究的层次不够深入，推广价值有限，大多停留在经验总结和微创新的层面。

改革开放后，许多管理会计的研究成果都是对我国会计领域的总结。这些研究在总结的基础上发现问题，并通过议论性研究探索解决方案。这种方法虽具有普遍性，但由于缺乏针对性，其实用性在面对企业多样化的管理会计问题时显得不足。同时，由于缺乏实验验证和实地调查，许多结论的说服力不足。

从现有研究成果来看，研究者们对中国管理会计的应用状况已达成共识。

（1）在企业长期投资决策中，评价方法的使用已从鲜为人知发展到被相当多企业所采用，且财会人员广泛参与投资可行性分析。

（2）在短期经营决策中，管理会计的应用比例虽低，但企业管理者普遍认为管理会计信息对提升管理水平有助益。

（3）企业在预算管理方面正在快速进步，实行全面预算管理的企业数量不断增加，但与国际先进水平仍有较大差距。

（4）责任会计在我国企业管理中应用较多，特别是在国有企业中，以成本为中心进行责任划分，且目标利润是评价部门业绩的重要指标。

（5）我国企业在成本管理方面有着扎实的会计基础和良好的传统。然而，许多企业仍停留在节约开支、压缩成本等传统理念上，导致成本控制和管理的实际效果并不理想。

随着管理会计应用的深入，对其应用状况的综合评价正在改善。总体来看，被调查者对管理会计的应用前景持乐观态度。

自 20 世纪 70 年代末以来，管理会计在我国已经历了 40 多年的发展。尽管我们仍无法准确回答其在中国的发展程度和影响，但通过近年来的调查研究可以发现，不同的研究群体、地区和市场环境都会对研究结论产生影响。然而，已经有一些关于管理会计的共识形成。随着我国改革的不断推进，管理会计正在不断发展和进步中，并对企业的经营发展决策产生了积极的影响。但与西方国家相比，我们在管理会计数据的应用形式和水平上仍有待提高。这要求我们的会计从业人员和研究人员结合国情和市场特色，开创适合中国的管理会计实践应用方法。

（二）国外学者对我国会计管理的影响

21 世纪初期奥康纳等发表在国际著名学术期刊《会计、组织和社会》上的题为《经济转型中中国国有企业对"西方"管理会计 / 控制的运用》的文章（以下简称《国企研究》）吸引了我们的目光，三位西方学者通过对我国国有企业管理会计实践的调查和分析，对我国企业管理会计实践发展变化的影响因素进行了分析和总结。这篇文章从独特的视角对我国企业管理会计实践进行了分析和研究，为我国学者分析和研究我国管理会计提供了借鉴。

1. 世界学术界对我国经济管理变革的关注

通过参考这篇文章的所列文献，我们不难发现，近年来，许多权威学术期刊上都刊登了大量关于中国企业和中国经济发展的深入分析与研究。具体来看，文章所列的 85 篇参考文献中，竟有 37 篇聚焦于中国企业、企业管理，以及改革开放后的中国经济发展。

值得一提的是，在国外发表的关于中国经济与管理改革的研究论文，覆盖了多达 22 种知名刊物。这些刊物中，不乏如《美国经济评论》《美国管理学会学报》《管理科学季刊》等享誉国际的学术期刊。这一现象无疑突显了改革开放后，中国议题在国际经济与管理学术领域中所受到的广泛关注。

尽管部分文章的作者是华裔或华人学者，也有一部分研究出自我国本土学者，但我们必须正视一个事实：在国际顶尖期刊上，国内学者的研究成果占比并不算高。这一现状既让我们感受到压力，同时也成为我们进一步研究和探索的动力。

我们还注意到，我国管理会计实践研究的方向显示出一定的单一性，且相关论文和参考文献的数量也并不多。这一发现无疑增加了我们的紧迫感，也进一步激发了我们深化研究的决心。

2. 有关中国管理会计实践的主要研究结果

《国企研究》深刻指出，探究中国国有企业如何采纳西方管理会计与控制体系的实践，具有重大的现实意义。这种实践不仅可能会对中国持续的经济改革和不断开放的国有企业运营产生影响，更是国有企业现代化与重组这一当前经济改革核心的重要组成部分。历届政府总理在全国人大政府工作报告中都强调了国有企业转换管理机制在经济政策中的首要地位。在此过程中，学习和借鉴西方的管理会计与控制方法显得尤为重要，因为人们普遍认识到，这些方法对于提升效率、增加效益、减少管理失误以及促进学习都具有积极作用，同时，科学和透明的管理方式也有助于消除腐败现象。

《国企研究》中提及，早在 1996 年，菲尔斯就已经利用问卷调查的方法，对管理会计实践在中国的传播及合资企业在其中的作用进行了深入研究。其研究结果显示，那些拥有合资企业的国有企业更倾向于广泛地采用管理会计方法。此外，合资者的国籍、企业所面临的竞争压力、企业规模等因素，均对管理会计实践的推广有所助益。

然而，菲尔斯的研究数据主要基于 1990 年至 1993 年期间，这是中国经济改革的初期阶段。此后，中国经济环境经历了更为实质性的变革，如资本市场的建立与发展，以及用工合同制度的法律认可等。因此，《国企研究》的作者认为，通过分析更近时期（1996—1999 年）的数据，可以更深入地探讨一些先前未曾考虑的因素在当前中国经济环境中所起的作用。

值得注意的是，菲尔斯的研究主要集中在会计控制方面，例如标准成本和预算责任中心等影响因素。尽管这些因素至关重要，但它们只是企业管理体系中的一小部分，且更多地关注于较低的管理层面。相比之下，更高层面的管理决策和活动对企业的影响更为深远。《国企研究》将焦点放在了更高的管理层上，同时考虑了财务和非财务两方面的管理方法。

基于经济学和管理学的理论分析，《国企研究》针对国有企业运用西方管理会计与控制系统的行为和影响因素，提出了9个假设。这些假设涵盖了雇用合同、市场压力、合资企业、股票上市、政府影响、企业规模、管理规范、企业年龄及训练的可用性等多个方面。

为了验证这些假设，《国企研究》采用了企业实地访谈和广泛的问卷调查两种方式来收集数据。研究团队运用回归模型对这些假设进行了检验。在这个模型中，自变量是上述假设中提到的各种影响因素，而因变量则是管理会计控制系统各种方法措施的使用情况。研究者综合考虑了管理会计控制系统的27个方面，并构建了两个层级的12个模型进行深入分析。

从总体来看，统计检验的结果仅部分支持了这些假设。具体来说，有限制性条款的员工合同比例、拥有合资企业、股票上市及训练的可用性这四个因素，被证实有助于增加企业对西方管理会计控制系统的需求。这一结果与我们对近年来国有企业管理机制改革需求和作用的认识相一致，也与中国学者对管理会计方法在国内传播的实践调查结果相吻合。它揭示了在我国资本和人力资源配置进一步市场化之后，企业对管理科学化的需求和推动力不断增强，同时也展示了改革开放以来我国在管理会计培训和教育方面取得的显著成果。

在赞赏《国企研究》作者成果的同时，我们也应关注那些未通过检验的假设。探究这些假设为何没有得到证据支持，或许能为我们提供更多的启示，并引导未来的研究方向。例如，我们可以进一步探讨为什么某些因素如企业规模和年龄对管理会计控制系统的使用影响不显著，或者考虑是否存在其他未被纳入研究的潜在影响因素。这样的深入研究将有助于我们更全面地理解国有企业在采纳西方管理会计与控制体系过程中的复杂性和多样性。

第二章 业绩评价和平衡计分卡

第一节 业绩评价概述

一、业绩评价的定义与重要性

业绩评价，作为组织管理控制系统的核心环节，其定义并不仅仅局限于对员工、部门或组织整体工作成果的简单衡量。它更是一个综合性的过程，涉及目标的设定、标准的制定、数据的收集与分析，以及最终的评价与反馈。这一过程对于组织的稳健运营和持续改进具有至关重要的作用。

业绩评价为组织提供了一个清晰的目标导向。通过设定明确的业绩指标，组织能够引导员工、部门乃至整个组织朝着既定的目标努力。这种目标导向不仅有助于统一思想和行动，还能够激发员工的积极性和创造力，推动组织不断向前发展。

业绩评价是管理决策的重要依据。通过对员工、部门和组织整体的表现进行客观、全面地衡量，组织能够准确识别出存在的问题和不足，从而及时调整管理策略，优化资源配置，提高运营效率。同时，业绩评价也为组织的奖惩机制提供了有力支持，确保了管理的公平性和有效性。

业绩评价还促进了组织内部的沟通与协作。在评价过程中，员工之间、部门之间需要充分交流、分享经验和信息，以共同完成任务和达成目标。这种沟通与协作不仅有助于增进彼此之间的了解和信任，还能够激发团队的凝聚力和战斗力，为组织的持续发展奠定坚实基础。

业绩评价不仅是衡量工作成果的工具，更是推动组织进步和发展的关键力量。因此，组织应高度重视业绩评价工作，不断完善评价体系和方法，以充分发挥其在组织管理中的积极作用。

二、业绩评价的发展趋势

近年来，业绩评价已经引起了实务界和学术界的广泛关注，其重要性正在被越来越多的人所认识。这一趋势的形成，既是组织管理日益精细化的必然结果，也是市场环境不断变化和组织竞争日益激烈的现实需求。

随着市场环境的变化和组织管理的需求，业绩评价的方法也在不断发展和创新。过去，组织可能更多地依赖于单一的财务指标来衡量业绩，但这种方法已经无法满足现代组织管理的需求。因此，新的评价方法如经济增加值、非财务业绩指标和平衡计分卡等不断涌现，为组织提供了更全面、更准确的业绩衡量手段。

经济增加值（EVA）强调了资本成本的概念，使得组织在评价业绩时能够更真实地反映其创造价值的能力。非财务业绩指标则涵盖了客户满意度、内部流程效率、员工满意度等多个方面，为组织提供了更全面的运营视角。而平衡计分卡则通过财务、客户、内部业务流程、学习和成长四个维度，将组织的长期战略和短期行动紧密结合起来，形成了一套完整的业绩评价体系。另一个值得注意的趋势是，业绩评价的应用范围正在不断扩大。以往，业绩评价主要应用于企业等营利组织，但现在，其应用已经扩展到了政府机构、教育机构、医疗机构等非营利组织。这些组织也开始意识到，通过科学的业绩评价，可以更好地衡量自身的运营效率和服务质量，从而实现持续改进和提升。

业绩评价的发展趋势体现了组织管理对精细化、全面化和科学化的追求。随着新的评价方法的不断涌现和应用范围的不断扩大，业绩评价将在组织管理中发挥更加重要的作用。这不仅有助于组织更准确地衡量自身的运营状况和价值创造能力，也将推动组织持续改进和提升，以更好地适应市场环境的变化和满足利益相关者的需求。

三、业绩评价的研究范畴与分类

业绩评价作为组织管理中的一项重要活动，其研究范畴广泛而深入，涵盖了评价主体、评价对象、评价内容、评价方法、评价目的和评价效果等多个方面。这些要素相互关联，共同构成了业绩评价的完整体系。

从评价主体来看，业绩评价可以由不同的主体进行，包括组织内部的管理者、外部的投资者、政府机构等。这些主体基于各自的需求和目的，对组织的业绩进行评价。例如，组织内部的管理者可能更关注运营效率和员工绩效，而外部的投资者则可能更关注组织的盈利能力和市场前景。

评价对象也是业绩评价研究的重要方面。评价对象可以是组织整体、某个部门或特定的员工。不同的评价对象需要采用不同的评价指标和方法，以确保评价的准确性和公正性。例如，对于组织整体，可能更关注整体的财务状况、市场份额等宏观指标；对于部门或员工，则可能更关注具体的业务完成情况、工作效率等微观指标。

在评价内容方面，业绩评价可以涵盖多个方面，如财务绩效、市场绩效、运营绩效、创新绩效等。这些方面从不同的角度反映了组织的业绩状况，为评价提供了全面的视角。同时，评价内容还可以根据组织的特点和需求进行定制，以更好地满足评价的目的。

从评价方法来看，业绩评价可以采用多种方法，如财务指标分析、平衡计分卡、360度反馈等。这些方法各有优缺点，需要根据具体的评价需求和对象进行选择。例如，财务指标分析可以提供客观的财务数据支持，但可能无法全面反映组织的业绩状况；而平衡计分卡则可以将组织的战略目标和日常运营相结合，提供更全面的评价视角。此外，根据评价主体与被评价对象的位置关系，业绩评价可分为企业外部主体评价和组织内部评价两大类。企业外部主体评价主要由外部利益相关者进行，如投资者、政府机构等，他们主要关注组织的财务状况、市场竞争力等方面。而组织内部评价则主要由组织内部的管理者进行，他们更关注组织的运营效率、员工绩效等方面。这两大类评价相互补充，共同构成了业绩评价的完整体系。

我们主要关注组织内部的业绩评价活动，包括整体、部门和员工的表现评价。这些评价活动对于组织的稳健运营和持续改进具有重要意义。通过对整体、部门和员工的表现进行全面、客观的评价，组织可以及时发现存在的问题和不足，进而采取相应的改进措施，推动组织不断向前发展。同时，这些评价活动还可以为组织的奖惩机制提供依据，激发员工的积极性和创造力，提高组织的整体绩效。

第二节　业绩评价指标体系与平衡计分卡

一、业绩评估的系统设计

企业应该对业绩评估系统有一个全面和深入的了解，这样对业绩评估的实际操作会产生重要的作用。实际上，业绩评估本身并不是一个孤立的评估体系，它是与许多方面结合在一起的，只有从各方面配合进行，才能保证业绩评估的顺利进行（图 2-1）。企业组织想要建立一个良好的业绩评估系统，就必须要做到以下几个方面。

（1）在进行业绩评估之前，管理层需要与员工进行充分的沟通，向他们清晰地传达组织对他们取得优异业绩的期望。这样做不仅能够激励员工努力提升自己的工作表现，还有助于员工明确工作目标和方向，从而更好地为组织贡献自己的力量。

（2）为了确保业绩评估的准确性和公正性，选择恰当有效的业绩评估方法至关重要。这些方法应该能够全面、客观地评价员工的工作表现和工作成果，既考虑到员工的工作量，也兼顾到工作的质量。通过科学的评估方法，可以更加精准地识别出员工的优点和不足，为后续的人力资源管理提供有力依据。

（3）进行职务分析是业绩评估的重要前置工作。通过深入了解各项工作的具体职责，组织可以制定出更加贴近实际的业绩评估标准。这些标准将作为评价员工工作表现的基础，确保评估结果的公正性和有效性。

（4）明确组织的总体战略目标及其对人力资源管理的要求，是构建有效业绩评估体系的关键。组织需要清晰地知道自己的战略发展方向，以及在这个过程中对人力资源的具体需求。这样，业绩评估体系就能更好地服务于组织的战略目标，促进员工个人发展与组织发展的有机结合。

（5）建立与工作业绩挂钩的信息反馈机制，有助于员工及时了解自己的工作表现，发现不足并进行改进。这种机制还能促进组织与员工之间的有效沟通，让员工感受到自己的工作被重视和关注，从而提升工作积极性和满意度。

（6）对业绩评估系统最终实现的有效程度进行评价，是确保评估体系持续改进和优化的关键环节。通过收集反馈、分析数据和评估结果，组织可以了解评估体系在实际运用中的效果，并在这个基础上对业绩评估系统进行必要的修订。这将有助于提升业绩评估的准确性和公正性，从而更好地激励员工为组织的发展贡献力量。

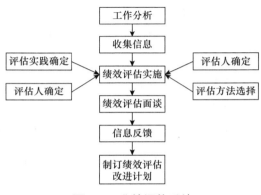

图 2-1　业绩评估系统

二、业绩评估的具体操作

（一）情报收集

情报收集是业绩评估的基石，它涵盖了在连续两次评估之间的时段内，对员工的行为表现进行细致观察或收集组织内部其他人的观察反馈。若忽视这一重要环节，评估就会丧失其客观性和事实基础。在情报收集过程中，"关键事件法"被广泛应用。此法所捕获的事件数据明确、易于观察，并且直接关联到员工的工作业绩。收集完事件后，需进行详尽的分析和整理，之后将这些信息填入特别设计的考核表中，并依据内容标题进行分类存储，以备日后检索。

考核记录配有使用手册，对记录中的关键要求提供了详尽的阐释。部门主管负责将收集的数据分门别类地录入考核记录，该记录采用蓝红双色设计，各占半页。有效益的行为记录在蓝色区域，而无效的行为则记录在红色区域。手册特别强调，主管记录的内容必须基于直接观察，且需清晰反映该行为对组织的正负影响。

在收集"关键事件"的评估资料时，主管可以通过以下两大途径获取信息。

第一，日常工作绩效记录。这些记录涉及产品质量、工作投入程度、操作安全性、任务完成时效性、预算与实际成本的对比、出勤情况，以及客户与同事的投诉频率等，均可作为宝贵的信息源。

第二，从相关人士处了解情况。这些人士包括与被评估者有一定接触的直接主管、同事或服务对象等。若公司实行项目小组制并有该员工的参与，与项目组长沟通会是一个有效的途径。在沟通时，应力求客观，避免提出主观性问题，如"你觉得小李怎么样？"而应更具体、更客观地询问，如"小李在哪些方面为你提供过帮助？"或"关于这些方面，你对他的评价是怎样的？"等。信息的来源应尽可能多样化，但需谨慎筛选，以保持评估的客观性。因此，在收集到信息后，还需进行深入的分析和整理，并根据既定的业绩标准进行校准，以得出更为客观的评估结论。

（二）设定评估的间隔时间

设定业绩评估的间隔时间对评估操作过程来说，也是十分重要的一个环节。设定的间隔时间因工作性质而异，要充分讲求设定的科学性，如果设定的间隔时间太短，那么就需要投入大量的人力、物力、财力，这样就使得获得的评估结果所耗费的成本过高，如对流水线操作工进行业绩评估就没有必要间隔时间太短。如果评估的间隔时间太长，就会失去业绩评估对员工工作应有的监督作用和威慑力，也不能让员工及时对自己的工作获得反馈信息，影响员工改正工作方法，提高工作效率。就评估的科学性而言，不同的工作应设定不同的评估间隔期。一般的评估间隔期应为 6 个月至 1 年，对大多数工作来说，如熟练的流水线操作工或组织中常规的管理人员，这一评估间隔期是比较合理的。但对于项目制工作而言，一般在一个项目结束后进行业绩评估或在期中、期末进行两次评估。对于培训期的员工，业绩评估的间隔时间设定应比较短，以使员工能够及时获得反馈和指导。①

如果评估的主要目标是为人事调动或晋升提供决策依据，那么我们就需要对员工进行较长时间的持续业绩观察。这样做的目的是更全面地了解员工的工作表现，避免被某些员工为了晋升或调动而采取的短期投机行为所迷惑。长时间的观察能够更真实地反映员工的整体工作能力和态度，从而为管理层提供更可靠的决策基础。如果评估的目的是加强上下级之间的沟通，进而提升工作效率，那么我们就应该适当缩短评估的间隔时间。频繁的评估可以让上级更及时地了解下属的工作状态，发现问题，提供指导，从而帮助员工改进工作方法，提高工作效率。同时，定期的沟通也有助于增强团队的凝聚力和执行力。在实际操作中，如果一个员工的工作业绩持续领先，并且呈现出稳步上升的趋势，那么部门主管就应该积极考虑为其加薪或提供晋升机会，以资鼓励。这不仅是对员工个人能力的认可，也是对其他员工的激励。相反，如果一个员工的业绩长期低迷，没有明显改善的迹象，那么主管就需要认真考虑是否需要换人。及时地调整和优化团队结构，对于保持团队的活力和竞争力至关重要。

三、对业绩评估系统进行改进

企业在制定业绩评估系统并进行实际操作之后，还有一个重要的环节就是根据收集到的被评估人对评估的反馈意见来对企业的业绩评估系统进行修正和改进。由于企业实行业绩评估的一个主要目的就是改进员工的业绩，因此企业的主管人员和下属员工都应该合力完成业绩的改进工作。

（一）企业对业绩进行改进的原则

（1）当企业进行业绩评估并寻求改进时，首先要考虑的是员工自身的意愿和动力。从员工愿意改进的地方着手，这不仅能更有效地推动变革，还能极大地增强员工对工作的投入和热情。这是因为，员工往往对自己认为有必要或有兴趣改进的领域更有动力去投入。反之，如果强迫员工从不感兴趣或不愿改

---

① 胡君辰，杨林锋. 企业人力资源管理［M］. 上海：格致出版社，2010：215.

进的领域开始，很可能会导致员工的抵触情绪，从而影响整体的工作效率和氛围。因此，了解员工的意愿和需求，是推动企业持续改进的关键一步。

（2）在评估过程中，对于员工业绩不足的方面，企业需要进行深入分析和重新评估。这一步骤至关重要，因为它不仅关系到评估的公正性和准确性，还直接影响到员工对企业的信任和满意度。为了避免因评估者的主观判断或失误而导致的不公正评价，企业应该对评估结果进行仔细复核，特别是对那些评估不合格的领域进行重点审查。这样做不仅可以确保评估的真实性，还能及时发现并纠正可能的误判，从而维护员工的权益和企业的公正形象。

（3）当企业明确了需要改进的领域后，接下来的关键是如何有效地实施改进。这需要企业综合考虑多个因素，包括改进所需的时间、精力和金钱。企业需要根据自身的资源和能力，以及改进领域的优先级和紧迫性，来制订切实可行的改进计划。通过对比分析不同改进方案的成本效益，企业可以选择最适合自己的改进路径，从而确保资源的最优配置和改进效果的最大化。

（4）在实施改进的过程中，企业还应注重策略的选择。优先选择那些容易出成效的领域进行改进，可以更快地看到改进的成果，从而增强员工的成就感和自信心。这种"立竿见影"的效果不仅能激励员工更加积极地投入到后续的改进工作中，还能为企业积累宝贵的改进经验和成功案例。通过不断迭代和优化改进策略，企业可以逐步实现全面的业绩提升和持续发展。

（二）业绩改进的实施

1. 获得企业员工认同

业绩改进计划并非只是管理层的一厢情愿，而是需要全体员工共同参与和努力的目标。因此，在制订改进计划之后，务必通过各种渠道与员工进行充分沟通，解释计划的目的、意义以及实施后的好处，确保员工从内心接受并认同这一计划。只有当员工真正理解和接受改进计划，他们才会全身心地投入其中，尽自己的全力去认真执行。此外，企业管理层也应以身作则，成为计划的积极推动者和践行者，而不是仅仅停留在口头上或文件上。

2. 计划内容要契合实际

业绩改进计划不能脱离企业当前的实际情况和员工的实际需求。计划内容应与待改进的业绩紧密相关，能够针对现有问题提出切实可行的解决方案。如果计划内容过于空洞或只是让员工学习一些浅显的理论知识，那么这样的计划很难引起员工的兴趣和积极性，也无法真正达到改进业绩的目的。因此，在制订计划时，必须深入调研和分析企业的实际情况，了解员工的具体需求和期望，从而制订出既符合企业发展战略又能满足员工个人发展的业绩改进计划。

3．注重业务改进的时间性

时间性是业绩改进计划不可忽视的要素。没有明确的时间限制和分阶段执行的时间进度表，计划很容易变得拖延和无效。因此，在制订业绩改进计划时，必须明确各项任务的截止日期和执行进度，确保每一步都有明确的时间要求。这样不仅可以增强计划的执行力度和效果，还能让员工更加清晰地了解自己的工作目标和时间安排。同时，企业管理层也应对计划的执行情况进行定期检查和评估，及时发现问题并进行调整和优化。

为了尽量完善企业的业绩改进计划，我们必须注重获得员工的认同、确保计划内容的实际性以及严格制定和执行时间进度表。只有这样，我们才能真正激发员工的积极性和创造力，推动企业业绩的持续提升。

（三）业绩改进过程中应注意的问题

当企业制订业绩改进计划时，其根本目的在于激发员工内在的变革动力，促使他们能够主动地调整并优化自身在工作中可能存在的不当行为。为了实现这一目标，企业必须深思熟虑并妥善处理以下几个核心问题。

1．员工的改变意愿

员工的改变意愿是实现业绩改进计划成功的重要前提。没有员工的积极参与和内心渴望改变的态度，任何外在的推动和激励都难以取得长久的效果。因此，企业需要深入了解员工的内心需求和职业发展期望，通过有效的沟通和引导，激发他们对自我提升的渴望。只有当员工真正认识到改变的重要性和必要性，他们才会全身心地投入改进计划中，积极寻求自我突破和成长。

为了实现这一点，企业可以定期组织员工参加培训和指导活动，帮助他们拓宽视野，了解行业发展趋势和最新技术，从而提升他们的职业素养和竞争力。同时，企业还可以鼓励员工参与职业规划讨论，使其明确自己的职业目标和发展路径，进一步增强他们自我提升的意愿和动力。

2．提供必要的知识和技术支持

在员工有了强烈的改变意愿后，企业需要为他们提供必要的知识和技术支持，以确保他们能够顺利地实施改进计划并取得实效。这包括根据员工的岗位需求和个人发展需要，制订个性化的培训计划，帮助他们掌握新的工作技能和知识。同时，企业还可以引入导师制度或者开展团队建设活动，为员工提供一个互相学习和交流的平台，促进他们在实践中不断成长和进步。

此外，企业还可以建立完善的知识管理体系，将员工在工作中积累的经验和知识进行有效的整理和分享，以便更多员工能够从中受益。通过不断提升员工的专业素养和技能水平，企业可以进一步推动业绩改进计划的实施效果。

3．营造积极的工作氛围

一个积极向上、充满活力的工作氛围对于激发员工的创造力和创新精神至关重要。为了营造这样一种氛围，企业需要倡导开放、包容、协作的团队文化，鼓励员工勇于尝试新事物、挑战自我。同时，主管人员在其中扮演着举足轻重的角色。他们不仅需要以身作则、树立榜样，更需要关注员工的成长和发展需求，及时给予指导和支持。

当员工因为害怕失败而犹豫不决时，主管人员需要给予他们足够的鼓励和信任，帮助他们建立自信、克服困难。通过定期的沟通和反馈机制，主管人员可以及时了解员工的思想动态和工作进展，为他们提供有针对性的指导和帮助。这样一来，企业可以逐渐培养出一支积极向上、富有创造力的团队，为业绩改进计划的成功实施提供有力保障。

4．建立合理的奖励机制

为了进一步强化员工的改变意愿和行为，企业需要建立合理的奖励机制以表彰那些在工作中做出积极改变和提升的员工。这种奖励机制可以分为物质奖励和精神奖励两个方面。物质奖励方面可以包括加薪、奖金或其他福利待遇等直接的经济利益激励；而精神奖励方面则可以包括给予员工更多的自由和授权、提供晋升机会或者表彰他们的优秀表现等。

通过建立这样一种全面而灵活的奖励机制，企业可以有效地激发员工的积极性和创造力，推动他们不断追求卓越并努力实现自我提升。同时，这种奖励机制还可以增强员工对企业的归属感和忠诚度，促进企业整体业绩的稳步提升。

（四）KPI 业绩评估系统

KPI（Key Performance Indicators，关键业绩指标）业绩评估方法或系统的理论基础是二八法则。企业在价值创造过程中，每个部门和每一位员工的80%的工作任务是由20%的关键行为完成的，抓住20%的关键，就抓住了主体。与其他考核方法不同的是，KPI专注于20%关键任务的考核，具有计划性、系统性。KPI考核系统首先明确企业的战略目标，在企业会议上利用头脑风暴法和鱼骨图分析法找出企业的业务重点，之后再找出关键业务中的关键指标。KPI指标经过层层分解，确定出评价指标体系。这些业绩衡量指标就是员工考核的要素和依据。

1．KPI 业绩系统的设计理念

明确企业的战略是至关重要的。企业战略是企业发展的指南针，它为企业指明了未来的发展方向和目标。在企业战略管理的过程中，制定一个清晰、明确的战略系统是第一步。这个战略系统不仅为企业高层提供决策依据，也为全体员工提供了明确的工作方向。为了确保战略的有效实施，企业必须将其具体化为员工业绩指标体系，从而让员工明确自己的工作目标，以及如何为实现企业战略作出贡献。

根据业务岗位标准，确定重要的导致企业成功的关键因素，是战略管理中的关键环节。这些关键因素，即关键成功因素，是企业运营过程中不可或缺的要素。它们是对企业运营要素的定性描述，反映了企业在特定市场、行业或竞争环境中取得成功的核心条件。为了有效地管理这些关键因素，企业需要深入分析和准备，找到一个有力的抓手，以确保关键因素得到持续优化和提升。

在确定关键成功因素后，企业需要进一步确定发展的关键业绩指标（KPI）、业绩标准与实际因素之间的关系。KPI是衡量企业战略目标实现程度的重要工具，它涵盖了财务性指标和非财务性指标。财务性KPI如利润率、销售额等，直接反映了企业的经济效益；而非财务性 KPI 如产品质量、客户满意度、内部流程效率等，则体现了企业在运营、市场、客户等方面的表现。为了建立一个符合企业战略目的的 KPI 体系，企业需要综合考虑多个方面，确保所选指标既全面又具体，能够真实反映企业的整体运营状况。

关键业绩指标的合理分解也是至关重要的。企业的战略通常包含多个层面，如公司整体战略、业务单元战略、职能战略等。为了确保 KPI 的设计与各个层面的战略相符，企业需要对 KPI 进行逐层分解。这意味着在每个岗位、每个部门，都需要将公司的整体业绩目标融入进去，确保每个员工都明确自己的工作职责和目标，以及如何为实现企业战略做出贡献。通过这种方式，企业可以确保战略的有效落地和执行，从而推动企业的持续发展和成功。

2. KPI 系统设计的基本思路

（1）以目标为导向的 KPI 设计。关键业绩指标（KPI）不仅是对公司和组织在实现战略过程中的关键成功要素的提炼，还是一种将公司的宏观战略目标细化为具体、可操作的短期目标和量化指标的方法。这些指标通常涵盖财务、运营和组织三大类，每一类都有明确的量化标准。KPI 的制定必须紧密结合公司的战略规划和核心业务流程，确保所选指标对公司的长远发展具有战略意义。在设计 KPI 时，应将公司的愿景和战略与各个部门以及个人的工作紧密结合，确保每一个指标都能体现公司的发展战略和成功的关键要素。同时，KPI 还应与外部市场和内部客户的价值紧密相连，从而确保公司的所有努力都是围绕创造价值展开的。这种以目标为导向的 KPI 设计方法，有助于公司形成清晰、统一的目标体系，使全体员工都能明确自己的工作方向和目标。

（2）遵循 SMART 原则的 KPI 设定。为了确保 KPI 的有效性和实用性，其设计应遵循 SMART 原则。具体来说，KPI 指标需要是具体的（Specific），与员工的实际工作目标紧密相关，并能根据情境变化进行相应调整。同时，这些指标还应是可衡量的（Measurable），无论是通过数量化还是行为化的方式，都需要能够轻松获取相关数据或信息。此外，KPI 指标还需要具有可实现性（Attainable），既不过于轻松也不过于困难，而是在员工付出努力后能够达成的。同时，这些指标还应是现实的（Realistic），能够在实际工作中得到验证和观察。最后，KPI 指标需要具有时限性（Time-bound），明确设定完成的时间期限，以确保工作的及时性和效率。

（3）强调 KPI 的可行性。KPI 考核的成功与否，很大程度上取决于其执行力度。因此，企业需要积极培育强有力的执行文化，确保 KPI 考核不仅停留在纸面上，而且能够真正落地并推动企业管理创新和效益提升。为了实现这一目标，企业需要不断识别和消除在实施 KPI 考核过程中可能遇到的各种困难和障碍，确保每一个环节都能顺畅进行。

（4）注重市场与客户在 KPI 中的地位。在设计 KPI 时，企业应特别强调市场和客户的标准以及最终成果的责任。毕竟，"如何为客户创造价值"始终是企业的核心任务。因此，在设定 KPI 时，应明确企业在市场变化和客户需求方面的反应速度和效果。企业需要清晰界定在这些方面所应达到的目标，并将这些目标具体化为可衡量的 KPI 指标。

这种以市场和客户为中心的 KPI 设计方法，不仅有助于企业更加精准地满足市场需求和客户期望，还能促使企业内部形成更加敏锐的市场洞察力和客户导向的服务意识。通过这种方式，KPI 考核体系将成为推动企业持续改进和优化并实现长远发展的有力工具。

3．KPI 业绩体系的构建步骤

建立 KPI 指标的要点在于系统性、计划性和流程性。各个层级的业绩考核指标，无论是应用于组织、部门、团队或是个人的业绩考核，其指标体系应该达到以下状态：

（1）能清晰描述出业绩考核对象的增值工作产出；

（2）针对每一项工作产出提取了业绩指标和标准；

（3）划分了各项增值产出的相对重要性等级；

（4）能追踪业绩考核对象的实际业绩水平，以便将考核对象的实际表现与要求的业绩标准相对照。

按照这样的指标体系标准，我们可以从以下几个步骤设计基于关键业绩指标体系思想的业绩考核体系（图 2-2）。

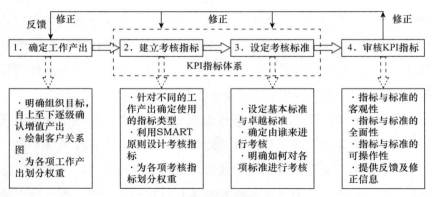

图 2-2 关键业绩指标体系的设计

（1）确定工作产出。确定工作产出是明确个体或团队工作成果的重要步骤，也是构建关键业绩指标体系的基础。工作产出并不仅限于有形的物质产品，还可以是一种达成的状态或结果。在界定工作产出时，需遵循以下四个核心。

首先，增值产出原则。这一原则强调工作产出必须与组织的整体目标保持一致，能够在组织的价值链中直接或间接地产生价值。这不仅体现了产出对组织效益的贡献，也确保了组织资源的高效利用。

其次，客户导向原则也至关重要。这里的"客户"指的是工作产出的接收者，包括组织内部的同事和外部的合作伙伴或消费者。因此，在定义工作产出时，应从客户的实际需求出发，确保产出能够满足他们的期望，进而提升客户满意度。

再次，我们要坚持结果导向原则。在大多数情况下，应以最终的工作成果作为首要考虑因素。对于某些复杂或长期的项目，如果最终成果难以在短期内明确，可以关注过程中的关键行为或重要节点，以此作为衡量工作产出的标准。

最后，确定权重的原则也不容忽视。在设定各项工作产出的权重时，应根据其在组织目标中的重要性进行分配，而非仅仅基于工作时间或难易程度。通过这种方式，我们能够更好地识别并关注那些对组织至关重要的指标，从而优化资源配置，提升整体绩效。

通过这四个原则，我们可以更准确地界定工作产出，为组织的发展提供有力的支持。

（2）建立考核指标。在确定工作产出之后，我们需要确定对各项工作产出分别从什么角度去衡量，下面列出了一些常见的关键业绩指标类型（表2-1）。

表 2-1 关键指标类型的示例

指标类型	举例	证据来源
数量	产量 销售额 利润	业绩记录 财务数据
质量	破损率 独特性 准确性	生产记录 上级考核 客户考核
成本	单位产品的成本投资回报率	财务数据
时限	及时性 到市场时间 供货周期	上级考核 客户考核

在制定具体的企业业绩指标时，企业通常会从两个方面进行深入考量：一是对结果的关注，这主要体现在业务成果、目标达成度等可量化的数据上；二是对过程行为的关注，这涉及员工在执行任务、实现目标过程中所展现的工作态度、方法和效率。这两方面的考量共同构成了企业全面的业绩评价体系。然而，对于企业中处于不同层级的人员，由于他们的职责和权力范围各不相同，因此在制定业绩指标时，结果指标和行为指标的权重也应有所区别。以企业高层管理者为例，他们的工作重心更多是放在决策制定和整体管理上，他们的决策对公司的运营和发展具有深远的影响。由于高层管理者的工作具有较大的灵活性和艺术性，他们在达成目标的过程中所采取的具体行为往往难以用固定的标准来衡量。因此，在评价高层管理者的业绩时，应更加注重结果指标，如公司的盈利状况、市场份额的增长等，以客观反映他们的工作成效。

在确定关键业绩指标的过程中，企业还需参照 SMART 原则，以确保所制定的指标既具体可行，又能有效推动目标的实现。具体来说，业绩指标应该是具体的（Specific），以便员工明确自己的工作目标和方向；指标应该是可衡量的（Measurable），这样才能对员工的实际工作成果进行客观评价；指标应该是可实现的（Achievable），以避免设定过高或过低的目标，从而影响员工的工作积极性；同时，指标还应该是相关的（Relevant），即与企业的整体战略和目标紧密相连；最后，指标应该是有时限的（Time-bound），以确保员工能够在规定的时间内完成任务，实现目标。

（3）设定考核标准。在绩效评估的体系中，设定明确且合理的评价标准显得尤为重要。这不仅关乎对员工工作表现的公正评价，更是企业持续改进和提升工作效率的关键。评价指标与评价标准共同构成了这一评估体系的两大支柱。评价指标，简而言之，就是我们选择从哪些角度来审视和衡量员工的工作成果。它像是一把刻度尺，帮助我们清晰地界定需要评价的内容范围。而评价标准，则是在这把刻度尺上设定的具体刻度，它告诉我们在各个评价指标上，员工应该达到何种水平才算是合格，何种水平可以称得上是优秀。

在实际工作中，我们常常会发现，业绩考核的指标与标准其实是两个既有联系又有区别的概念。指标更侧重于评价的"面"，即我们要关注哪些方面；而标准则更侧重于评价的"度"，即在这些方面我们要达到什么样的水平才算是合格或优秀。为了更好地实施业绩考核，我们通常需要考虑设定两类标准：基本标准与卓越标准。基本标准相当于一个及格线，它代表了我们对被考核对象的基本期望。这是一个大多数人通过努力都能够达到的水平，主要用于判断被考核者的业绩是否满足了岗位的基本要求。而卓越标准则像是一个挑战目标，它代表了一种超出常规期望的业绩水平。这个标准并不是对每个人的强制要求，但确实能够激发那些有能力、有潜力的员工去追求更高的目标，实现自我超越。

（4）审核（KPI）指标。为了确保关键业绩指标能够真实、准确地反映员工的工作状况，并有效助力公司实现既定的战略目标，我们必须对关键业绩指标进行精细而全面的审核。这一审核过程围绕七个核心要点深入展开，以确保指标的科学性和实用性。我们要确保所设定的关键业绩指标紧密围绕工作目标展开，特别是关注与工作直接相关的最终结果。这是因为，一个优秀的业绩指标应当能够直观地体现出员工的工作成果，从而帮助我们更准确地评估其工作表现。这些关键业绩指标需要具备可观察性和可衡量性。这意味着，我们能够通过这些指标持续追踪员工的工作进展，并对其表现进行客观、准确的评估。这样，我们就可以及时发现员工在工作中存在的问题，并采取有效措施进行改进。

设定关键业绩指标时，必须严格遵循 SMART 原则，即指标要具体、可衡量、可达成，相关且具有时限性。这不仅可以确保指标的合理性和可行性，还能够使员工明确自己的工作目标和方向。同时，这些指标还应配备清晰、明确的行为性评价标准。这样，不同的考核者在评估同一指标时，就能够依据统一的标准进行评判，从而保证考核结果的公正性和一致性。

在审核过程中，我们还需要深入思考这些关键业绩指标是否能够涵盖员工80% 以上的工作目标。这就要求我们所选取的指标必须能够全面反映员工的主要工作职责和关键业务行为。为了实现这一目标，我们将重新审视并明确员工的工作目标，以确保所选的指标能够真实、全面地展现其工作状况。通过这样的审核流程，我们可以确保关键业绩指标的科学性和有效性，进而为公司的战略发展提供有力的支持。

第三节　平衡计分卡

如前所述，平衡计分卡是在寻求克服以财务指标为核心的传统业绩评价体系缺陷的努力中诞生的管理创新工具，许多公司正在实施平衡计分卡系统，从而重点用至少三个方面（客户、内部运行以及学习和成长）的非财务指标弥补传统财务指标的不足。平衡计分卡的建议者主张，这种方法可以提供一个有力的工具，将组织的理想和战略转化为有效沟通战略思想的工具，并有助于推动实现战略目标的业绩。

一、平衡计分卡的基本要素

平衡计分卡的四个层面之间具有一种逻辑上的因果关系，即优化下层的前置要素可以推动上层结果要素的业绩改善。然而，这些理论的合理性主要建立在逻辑推理和直观感受之上，尚未经过充分的实证研究验证。先前的研究虽然探讨了非财务指标对财务指标的前置作用，但未能将这些非财务指标进一步细分为客户、内部运营、学习与成长等具体层面。

在史密斯和赖特2004年发表的《客户忠诚度和财务业绩的决定因素》一文中，他们对平衡计分卡综合框架内各层面间的因果关系进行了实证研究。文章强调，公司业绩评价与控制系统的核心任务是将业绩与公司整体目标紧密结合。为了实现有效的管理，领导者需要深刻理解"结果与作业链"之间的因果关系。

史密斯和赖特的研究数据来源于两份权威行业期刊长期发布的读者调查结果。该调查自开展以来一直在持续进行，每期发放的问卷数量至少8000份，最多达到27000份。这些问卷为电脑客户提供了对样本企业及其产品的可靠反馈。该研究涵盖了研究期间内这6家电脑企业的相关信息，共收集了144个季度的观测数据。

为了利用结构方程模型进行路径分析，研究人员首先需要对相关概念进行量化处理。他们构建了四个由内部业务活动形成的产品价值属性变量，分别是产品质量、售后服务质量、品牌形象和企业生存能力。这些变量进一步影响了四个结果变量，包括客户层面的客户忠诚度和平均销售价格，以及财务层面的两个指标。这样的研究设计有助于更深入地理解平衡计分卡各层面之间的内在联系，并为企业的业绩评价与控制提供更有力的依据。

（一）质量

研究者将调查的问题归类为：（1）产品质量；（2）售后服务质量；（3）供应商—客户关系中的其他特征。先根据每个问题的得分将各公司排序，然后将排序号转变为0—1之间的分值，计算公式为：

$$业绩得分＝（序号－1）／（序列数目－1）$$

分值越大业绩越好。取当季度可获得的所有相关问题得分的平均排序分值作为变量值。

（二）品牌形象和公司生存能力

研究者在对品牌形象进行计量时，选择了以公司广告费用占销售额的比重作为关键指标。这一选择的背后逻辑源自市场研究文献的发现，即品牌形象的建立与广告费用之间存在着紧密的关联。特别是在一个广告和销售水平都经历了显著增长的时期，广告投入成为塑造和提升品牌形象的重要手段。然而，研究者并未止步于此，他们还通过排序方法进一步深入分析了各公司在营销过程中对品牌形象建立的重视程度。这种排序方法不仅有助于揭示各公司对品牌形象的投入差异，也为理解品牌形象与市场竞争力之间的关系提供了新的视角。

为了全面评估公司的生存能力，研究者采用了 Altman Z-score 分值的自然对数作为每个季度"生存能力"的计量指标。Z-score 分值作为一种总体财务生存能力的概括性指标，其有效性在财务领域得到了广泛认可。由于 Z-score 分值主要用于预测企业的破产概率，因此它能够较为准确地反映企业在未来一段时间内的生存能力特征。具体来说，较低的 Z-score 分值意味着企业面临较高的财务困境风险，而较高的分值则代表企业具有较强的生存能力和较低的破产概率。

通过深度分析这两大指标，研究者能够更全面地了解企业的经营状况和市场竞争地位。同时，这种分析方法也为企业决策者提供了有价值的参考信息，有助于他们制定更为科学合理的经营策略。在未来的研究中，还可以进一步探讨品牌形象与生存能力之间的内在联系，以及如何通过优化广告投入和财务管理来提升企业的整体竞争力。

（三）客户忠诚度

研究者为了精确衡量客户忠诚度，特别采用了杂志调查中"再次从该供应商购买产品的可能性"这一问题作为关键指标。这一问题的得分采用了 10 点计分法，让客户在 1 到 10 的范围内选择，以此表达他们再次购买同一供应商产品的意愿强烈程度。这种量化方法不仅易于理解和操作，还能较为准确地反映客户的真实想法和预期行为。

值得一提的是，这个数据在样本期间内保持了极高的完整性，没有出现大量的缺失或异常值，这为后续的数据分析和结论提供了坚实的基础。数据的完整性和质量是进行科学研究的前提条件，特别是在社会科学领域，数据的真实性和可靠性对于结论的准确性和可信度至关重要。

为了验证这一指标的外部有效性，研究者还将其与其他调查公司提供的客户满意度信息进行了对比。例如，他们与美国客户满意指数（ACSI）的数据进行了相关性分析。结果显示，这个10点计分法得出的客户忠诚得分与ACSI的客户满意度信息之间存在高度的相关性。这意味着，研究者采用的这一指标不仅在内部逻辑上站得住脚，而且在外部比较中也表现出色，能够真实反映客户的忠诚度和满意度。

总的来说，通过深度分析这一客户忠诚变量，我们可以更深入地理解客户的购买意愿和忠诚度，这对于企业制定市场策略、提升客户满意度和忠诚度具有重要的指导意义。同时，也证明了该研究方法的有效性和可靠性，为后续的相关研究提供了有益的参考。

（四）平均销售价格

在20世纪90年代早期，个人电脑市场经历了一段价格严重下跌的时期。这一时期的特殊性在于，由于市场竞争加剧和技术进步，各大电脑制造商为了抢占市场份额，纷纷采取了降价策略。这种价格下跌的趋势对个人电脑行业产生了深远的影响，不仅改变了消费者的购买行为，也重塑了市场竞争格局。

在这一背景下，研究者为了更准确地反映各公司产品的平均价格差异，决定采用排序方法。排序方法的使用是基于这样的考虑：在价格剧烈波动的市场环境下，单纯的价格数据可能无法全面反映各公司产品定价策略的差异。而通过排序，可以相对地比较不同公司产品在市场上的定价位置，从而更直观地展现各公司产品价格的竞争力。

这种排序方法不仅考虑了价格的绝对值，还隐含地考虑了价格与市场定位、产品品质、品牌形象等多个因素的综合关系。因为在实际的市场竞争中，价格并不是唯一的竞争手段，而是与其他营销策略和产品特性相互配合，共同构成企业的综合竞争力。

通过深度分析这一时期的平均销售价格，我们可以发现，那些在价格排序中处于有利位置的公司，往往能够在市场中获得更大的份额和更高的客户忠诚度。这也进一步验证了价格策略在个人电脑行业中的重要性。同时，这种分析方法也为其他行业提供了借鉴，即在市场竞争激烈的环境下，如何制定合理的价格策略，以提升企业的市场竞争力。

（五）财务业绩

在评估企业的财务业绩时，研究者精心挑选了两个普遍被接受的财务指标，以确保评估的全面性和准确性。这两个指标分别是销售增长率和资产收益率（ROA）。销售增长率是通过比较当前销售额与上一年同期销售额的比率来计算的。这一指标能够直观地反映企业在市场上的扩张速度和增长潜力。采用上年同期比率的方式，可以有效地消除季节性因素和偶然性事件对销售额的影响，从而更准确地衡量企业的销售能力。而资产收益率（ROA）则是通过计算季度折旧后的营业收益与期初总资产的比率得出的。这一指标衡量了企业利用资产创造收益的效率，反映了企业管理层对资产的运用能力和盈利水平。通过 ROA，我们可以了解到企业在一定时期内，每单位资产所能产生的利润，从而评估企业的盈利能力和运营效率。为了更全面地评估企业的财务业绩，并控制普遍的经济波动对行业和企业的影响，研究者还采用了排序方法。这种方法不仅考虑了企业的绝对财务指标，还考虑了企业在行业中的相对位置。通过这种方式，即使在整体经济环境发生波动的情况下，我们也能够准确地评估企业的财务业绩和相对竞争力。

通过深度分析销售增长率和资产收益率这两个财务指标，并结合排序方法，我们可以全面、准确地评估企业的财务业绩。这种方法不仅有助于我们了解企业在市场上的表现和盈利能力，还能为投资者、债权人和其他利益相关者提供有价值的决策依据。

图 2-3 的矩形框表示观察变量，图左边的一列展示的是模型中的外生变量，它们之间的相关系数显示在圆弧形双箭头线旁；标准化的路径参数显示在表示因果关系的单箭头直线上方；平方的拟合系数显示在代表被解释变量（四个内生变量）的矩形右上角。

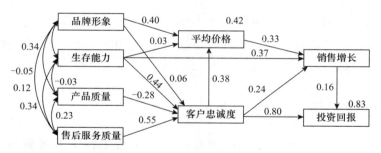

图 2-3　路径分析结果

二、平衡计分卡的作用研究

平衡计分卡作为一种管理会计工具，其作用至少应该包括两个层面的含义，一是它作为一个信息系统，为管理者提供了更好的信息，有助于改善组织的决策和控制；二是它作为一种管理活动，在使用平衡计分卡的过程中，对组织结构和运作产生了积极的调整效应。

（一）平衡计分卡信息的使用

根据企业调查，平衡计分卡在许多知名大企业得到了广泛的关注和运用。正如其倡导者所指出的那样，平衡计分卡通常应该包含财务、客户关系、内部业务流程和学习与成长四个方面，并与业务单元的发展战略和目标密切相结合，体现特定组织关键业务流程和关键发展问题的特征，因此，平衡计分卡的开发成本很高，使用这一创新工具应该能获得更好的信息，提升管理决策和控制活动的质量。

1. 平衡计分卡共用指标或专用指标的信息使用

平衡计分卡中共用指标与专用指标的信息使用深度扩写。

平衡计分卡，作为现代企业战略管理的重要工具，旨在通过整合财务、客户、内部业务流程、学习和成长四个维度的指标，全面评估组织的业绩。在这四个维度中，共用指标与专用指标的选择与使用显得尤为重要，它们为组织提供了丰富的运营信息和战略导向。

共用指标在平衡计分卡中占据着不可或缺的地位。这些指标因其具有普适性和可比性，为组织内的各个部门提供了一个公平的评价平台。例如，销售收入、净利润等财务指标，不仅反映了组织的整体盈利能力，也允许各部门之间进行比较，从而明确各自的业绩水平。这种比较不仅激发了部门间的竞争精神，更有助于组织识别并奖励那些为整体业绩做出突出贡献的部门。此外，共用指标还强化了组织的战略协同性。当各部门都围绕着一组共用的核心指标努力时，它们的行动将更加统一，更容易形成合力，共同推动组织战略目标的实现。

仅用共用指标来评价各部门的业绩显然是不够的。专用指标的出现，正是为了弥补这一不足。专用指标是根据每个部门的独特战略目标和业务环境量身定制的，它们能够更深入地反映部门的运营状况和面临的挑战。以面向城市年轻人的零售服装部为例，该部门可能更加关注新品牌的引入速度、时尚服饰的更新频率以及年轻消费者的满意度等专用指标。这些指标不仅与该部门的战略目标高度契合，还能为管理者提供更为精准、具体的运营信息。通过分析这些专用指标，管理者可以迅速发现部门运营中存在的问题和机会，从而制定出更加有效的改进措施和市场策略。

专用指标还可以作为激励和约束部门行为的有力工具。通过为各部门设定明确、具有挑战性的专用指标目标，组织可以引导它们更加专注于实现自身的战略目标，同时避免偏离组织的整体发展方向。这种目标导向的评价方式，不仅有助于提升部门的工作积极性和创新能力，还能确保组织在快速变化的市场环境中始终保持竞争优势。

在平衡计分卡的应用中，共用指标和专用指标各具特色且相互补充。共用指标通过提供可比性和战略协同性来强化组织的整体性和一致性；而专用指标则通过深入反映部门的战略特征和运营状况来为管理者提供更精准、更具体的决策支持。只有合理选择和运用这两种指标类型，组织才能充分发挥平衡计分卡的战略评价作用，推动自身在激烈的市场竞争中脱颖而出。

2. 战略理解与平衡计分卡信息使用

平衡计分卡信息作用的深度分析与扩写。

2004 年，美国《会计评论》刊登了班克等人的实验研究文章，该研究聚焦于平衡计分卡在战略控制和业绩评价中的信息作用。这一研究的背景设计与2000 年莱帕和索提雷奥的实验具有高度的相似性，其目的之一就是与前人的研究结果进行对照和比较。

班克等人的研究是基于平衡计分卡作为战略控制工具的核心思想展开的。他们的实验结果显示，当评价者未获得业务单位的详细战略信息时，他们更倾向于依赖共同性指标而非独特性指标来评估下级单位的业绩。这一发现与莱帕和索提雷奥在 2000 年的研究结论不谋而合。然而，当评价者掌握了详细的战略信息后，他们在业绩评价时会更多地依赖与战略紧密相关的指标，而不论这些指标是共同性还是独特性的。

从卡普兰和诺顿对平衡计分卡思想的阐述中，我们可以清晰地认识到，平衡计分卡的本质在于业绩指标和战略目标之间联系的明确性。一旦这种联系被深刻理解，战略目标就能够进一步转化为可操作的指标，从而助力组织业绩的提升。班克等人也指出了莱帕和索提雷奥在讨论平衡计分卡时的一个未尽之处，即他们在探讨"共同性"和"专用性"指标时，并未明确区分这些指标是否与战略紧密相关。事实上，在"共同性"和"专用性"指标中，都有一部分与战略联系得较为紧密，而另一部分则相对松散。

班克等人的实验设计依然沿用了莱帕和索提雷奥所设计的服装公司两个分部的基础框架。他们所提供的业绩表中包含了 16 个指标，这些指标被分为 4 层，每层包含 4 个指标，其中 2 个为共同性指标，2 个为专用性指标。在这个基础上，他们进一步设计了一个指标与战略相关联，一个指标与战略无直接关联，从而构成了 4 个不同类型的指标：与战略相关的共同性指标、与战略无关的共同性指标、与战略相关的专用性指标，以及与战略无关的专用性指标。实验中，研究者使用了 16 个不同的业绩表，分别展示了 2 个分部经理在这些不同类型指标上的业绩差异。

此外，该研究还精心控制了参与者对 2 个分部发展战略的不同理解程度。那些拥有战略信息的参与者会获得 2 个分部详细描述发展战略的战略图和叙述性材料，而那些缺乏战略信息的参与者则只能接触到简单概括的发展战略文字描述。

为了确保研究的科学性和严谨性，480 位 MBA 学员作为实验参与者被随机分为 32 组。研究者对收集到的数据分别进行了均值差异检验和回归分析。实验结果有力地支持了研究者的预期假设。这一研究不仅丰富了平衡计分卡的理论体系，还为其在实践中的应用提供了强有力的经验支持，堪称是对平衡计分卡思想支持最强的经验研究成果之一。

（二）平衡计分卡的管理作用

平衡计分卡作为一种综合性的战略管理工具，在现代企业管理中占据了举足轻重的地位。其深受企业欢迎的原因，很大程度上归功于它对多元化目标的整合能力。不同于传统的以财务指标为主的绩效评价方法，平衡计分卡引入了非财务指标，如客户满意度、内部流程效率、学习和成长等，从而更全面地反映了企业的运营状况和未来发展潜力。

这种整合性不仅体现在不同类别的指标上，更重要的是，平衡计分卡能够将企业的长期战略分解为可执行、可衡量的短期目标。这使得从公司高层到基层员工，都能清晰地认识到自己的工作是如何为实现公司的整体战略目标服务的。换言之，平衡计分卡像一座桥梁，连接了企业的宏伟蓝图和每个员工的日常工作。

然而，正如任何复杂的工具或方法一样，平衡计分卡的成功应用并非易事。其设计和实施过程中的每一步都需要深思熟虑和精细操作。指标的选择就是其中一个至关重要的环节。

选择合适的指标是平衡计分卡成功的关键之一。这些指标不仅需要具有代表性，能够真实反映企业的运营状况和战略目标，还需要具备精确性、客观性和可证实性。这意味着企业在选择指标时，必须进行深入的市场调研和内部分析，确保所选指标既符合行业特点，又能体现企业的独特性和战略意图。同时，指标的设定还需要与公司的整体战略保持一致。这需要企业具备高度的战略洞察力和整合能力，能够将公司的长期目标分解为各部门、各层级可执行的短期目标，并确保这些目标之间的协调性和一致性。这是一个复杂而精细的过程，需要企业投入大量的时间和精力进行前期的规划和设计。

除此之外，平衡计分卡的实施还面临着诸多其他挑战。例如，如何确保数据的准确性和及时性？如何进行有效的沟通和协调，以确保各部门之间的协同作战？如何根据市场环境和企业战略的变化，及时调整和优化平衡计分卡？这些都是企业在实施平衡计分卡过程中必须认真思考和解决的问题。

平衡计分卡，这一管理与战略规划的得力助手，已被广泛认知为能够帮助企业实现战略目标并优化组织绩效的关键工具。然而，要使其真正发挥作用，并非一件轻松的事情。其成功应用需要企业不仅具备深厚的战略洞察力、出色的资源整合能力和高效的执行力，而且还必须投入大量的时间和精力进行前期的设计、中期的实施以及后期的持续优化等工作。

在前期设计阶段，企业需要明确自身的战略目标，并将其细化为具体、可衡量的指标。这一阶段要求企业对内外部环境进行深入分析，明确自身的竞争优势和劣势，以及面临的机会和威胁。只有这样，才能制定出既符合企业实际情况又具有挑战性的指标，为后续的实施和评估奠定基础。

进入中期实施阶段，企业需要确保平衡计分卡的各项指标能够得到有效执行。这要求企业建立完善的监控机制，定期对各项指标进行检查和调整，确保各项工作能够按照既定计划推进。同时，企业还需要加强内部沟通，确保所有员工都能够理解和支持平衡计分卡的实施，并积极参与到相关工作中来。

到了后期持续优化阶段，企业需要对平衡计分卡的实施效果进行评估，并根据评估结果进行必要的调整和优化。这一阶段的关键在于持续改进和创新，企业需要不断学习先进的管理理念和方法，将其融入平衡计分卡的实施中，以提升其应用效果和适应性。

值得一提的是，组织文化在平衡计分卡的成功实施中发挥着至关重要的作用。一个开放、包容、鼓励创新和持续改进的组织文化，能够为平衡计分卡的实施提供有力的支持。在这样的文化氛围中，员工更加愿意接受新事物，积极参与变革，从而推动平衡计分卡的顺利实施并取得良好效果。

为了深入了解平衡计分卡的实施效果，研究者对 31 个分销商进行了访谈。他们发现，在管理控制得当的情况下，平衡计分卡确实可以显著提高组织的成效。具体来说，通过实现战略协同和有效激励，平衡计分卡能够帮助企业更好地整合资源，提升工作效率和创新能力，从而推动组织绩效的全面提升。然而，如果管理和沟通不当，平衡计分卡则可能引发一系列问题，如激励失效、组织内部冲突等。这些问题不仅会削弱平衡计分卡的应用效果，还可能对企业的长期发展造成不利影响。

平衡计分卡虽然是一个强大的工具，但并非万能钥匙。要想成功实施平衡计分卡并发挥其最大价值，企业需要投入足够的资源和精力进行精心的设计和沟通工作。同时，企业还需要注重培养开放、包容、鼓励创新和持续改进的组织文化以提供有力支持。只有这样，平衡计分卡才能真正为企业的战略目标服务并推动企业实现持续、稳定地发展。

第三章　管理会计与经营决策

第一节　企业短期经营决策概述

一、企业短期决策分析概述

（一）短期决策分析的含义

决策，作为对未来行动方向、目标、原则及方法的确定，渗透在人类生活与生产的每一个角落，无论是政治、军事还是文化领域，都需要我们做出明智的选择。而在管理会计的语境下，我们所探讨的决策主要集中在经济层面，因此得名"经济决策"。这种决策在企业管理中占据了举足轻重的地位。

管理学者普遍认为，经营是管理的重心，而决策则是经营的关键环节。简而言之，决策构成了企业管理的核心。一个正确的决策能够引领企业走向繁荣，反之则可能导致企业的衰败。它直接影响着企业的经济效益和生产秩序。

为了帮助企业达到特定的经营目标，管理人员需要充分利用会计信息和其他相关信息，运用专业的技术方法进行精确的分析和比较。这就是决策分析的过程，它是从众多备选方案中选择出最为合理的一个方案。根据涉及时间的长短，我们可以将决策分析划分为短期和长期两种。

值得一提的是，决策不仅是企业管理成功与否的关键因素，更是实施各项管理职能的基石。它贯穿于企业生产经营的始终，特别是在短期经营决策中，生产决策显得尤为重要。短期决策分析主要关注的是一年以内的专门业务，这些决策主要影响该时期内的经济收益和支出。这类决策通常不涉及增加设备或提高生产能力，而是更多地考虑如何高效利用现有资源。例如，确定产品的最优生产批量，选择自制还是外购零部件，以及是否接受额外的订单等。这些都是短期经营决策中需要着重考虑的问题。

（二）短期决策分析的原则

决策分析原则是企业管理人员进行决策分析工作必须遵循的准则。一般包括以下四项：

1．系统原则

系统是一个由多个部分组合而成的复杂整体，这些部分之间相互关联、相互影响，共同协作以实现整体的功能。企业，作为一个典型的系统，具有清晰明确的目标，并由众多相互关联的部门所构成。

在进行决策分析的过程中，我们必须全面考虑。一方面，要深入分析系统内部各个因素之间的相互制约关系，确保各部门之间的协调与平衡；另一方面，也要密切关注外部环境的变化和影响，以便及时调整策略，适应市场需求。同时，我们还需要注重各子系统之间的联系与配合。每个部门都是企业这个大系统中的重要组成部分，它们之间的紧密合作是实现企业整体目标的关键。因此，在进行决策时，必须充分考虑各部门之间的协同效应，确保各项工作的顺利推进。所有的决策和行动都应服务于企业的整体目标。我们应以实现整体效益最大化为出发点和落脚点，不断优化决策流程，提升企业的运营效率和竞争力。通过这样的深度分析和综合考量，我们能够做出更加明智、更加科学的决策，从而推动企业的持续健康发展。

2．目标原则

明确目标是进行经营决策的首要条件。经营决策往往涉及多方面的考量，因此可能同时存在多个目标。这些目标之间有时可能存在冲突或矛盾，增加了决策的复杂性。为了有效应对这种情况，管理人员需要具备分辨目标重要性的能力。管理人员应当清晰识别并评估各个目标的价值和影响。在此基础上，他们需要按照目标的重要性和紧急性进行排序，明确哪些是主要目标，哪些是次要目标。主要目标应成为决策的核心考量，而次要目标则可以作为决策的约束条件或参考因素。在进行决策分析时，管理人员应有针对性地分阶段进行。在每个阶段，都应围绕主要目标进行深入分析，同时兼顾次要目标的约束和影响。这样不仅可以确保决策的全面性和准确性，还能有效平衡各方利益，从而实现整体利益的最大化。

通过这种方法，管理人员能够更有效地进行经营决策，推动企业稳健发展。

3．满意原则

在传统的决策理念中，决策者被看作是"理性人"或"经济人"，他们在做决策时总是力求找到最完美的解决方案，即遵循"最优化"原则。然而，现代决策理论提出了一种更为实际和灵活的观点。由于决策者在认知能力、时间资源、成本考虑以及信息获取等多个方面都存在限制，因此，在现实中往往难以达到理论上的最优解。基于这种情况，现代决策理论更倾向于寻求"令人满意"或"足够好"的决策方案，而非不切实际地追求完美。这种满意度导向的决策原则更加贴近实际，它承认并接受了现实世界中的不确定性和局限性。在这种原则指导下，决策者会综合考虑各种因素，包括但不限于成本效益、时间约束、信息可用性及风险评估等，以找到一个既可行又符合期望的解决方案。

满意度导向原则体现了决策过程中的灵活性和实用性，它帮助决策者在复杂多变的环境中做出明智且高效的选择。

4．行动原则

决策分析的核心目的在于制定出满意的决策方案，但仅仅制定出方案还远远不够，关键在于将这些决策转化为切实的行动。因此，在决策分析的过程中，我们必须充分考虑到未来实施决策所需的具体行动，以确保决策分析的实用性和有效性。在决策实施后，持续的监测和反馈机制同样重要。通过收集和分析实施过程中的信息反馈，我们可以评估决策的执行效果，及时发现并修正存在的问题。这种动态的调整和优化过程，不仅能够确保决策方案更加符合实际情况，还能够提升决策的长期效益。

二、管理会计与企业短期经营成本决策

经营决策的最终目的是在诸多备选方案中选出最优方案。"优"的标准主要是经济效益，成本是衡量经济效益的一个关键性指标，但经营决策中所要着重考虑的"多维成本"概念同企业的基本成本资料既有联系又有区别。多维成本是根据企业经营管理的需要，特别是企业经营决策的需要而专门计算的成

本数据。它可以是事前的，也可以是事中、事后的，可能已经发生，也可能没有发生；可以是全面的，也可以是专题的；可以是连续的，也可以是某个时期的。它没有公认的、固定的概念，也没有统一的、强制的规定。它是企业经营决策中极为重要的信息。

（一）差量成本

在管理会计的实践中，经营决策不仅是选择最优策略的过程，更是通过多维度成本分析，为企业提供精准决策依据的关键环节。管理会计强调的经济效益，实际上是通过精细化的成本管理来实现的，而"多维成本"正是这一管理理念的直接体现。

多维成本不同于传统的成本数据，它更加注重决策的针对性和实用性。这种成本数据是根据企业管理和经营决策的具体需求，通过专门计算得出的。它可能涵盖了事前预测、事中控制和事后分析的全过程，体现了成本管理的动态性和灵活性。同时，多维成本也可能针对某一特定领域或时期进行专题分析，以满足企业不同层面的决策需求。

在管理会计的框架下，差异成本成为一个重要的分析工具。差异成本，或称差别成本、差异费用，反映了不同方案之间在成本上的具体差异。通过深入分析差异成本，管理会计可以帮助企业评估不同方案的经济效果，从而为决策提供依据。特别是在某一"相关范围"内，差异成本与变动成本紧密相连。然而，当产量变化超出这个范围时，固定成本和半变动成本也可能随之变化，此时差异成本就不再简单等同于变动成本。这就要求管理会计在实际应用中，要密切关注产量的变化对各类成本的影响，以提供更准确的决策信息。此外，差异成本与追加成本在某些情况下可能相似，但追加成本实际上是差异成本的一种特殊形式。在工程技术领域，追加成本常被用作一个专门术语，而在管理会计中，我们更注重其作为差异成本一部分的理解和应用。

（二）机会成本

机会成本是指企业在做出某项经营决策时，所放弃的其他可能带来收益的机会所对应的潜在利益价值。这一概念在管理会计中扮演着至关重要的角色，因为它能帮助企业决策者全面评估不同经营策略的经济效果，从而选出最优方案。在管理会计的实践中，机会成本的应用主要体现在资源分配和决策分析两个方面。首先，资源是有限的，而一种资源往往有多种可能的用途。当企业决定将资源投入某一特定用途时，就必须放弃其他可能的用途。这时，管理会计通过计算资源用于次好用途可能带来的净收入，即机会成本，来全面评估资源的利用效果。

在经营决策过程中，企业通常需要在多个方案中选择一个最优方案。这时，管理会计会综合考虑每个方案的得失，包括所选方案可能带来的收益和放弃次优方案可能带来的损失。权衡这些因素后，企业可以选择一个总体上最优的方案。在这个过程中，机会成本成了一个重要的评价指标，它帮助企业决策者全面评估不同方案的优劣，从而做出更明智的决策。

机会成本虽然不是企业的实际支出，也不记账，但它是正确进行经营决策必须认真考虑的现实因素。通过考虑机会成本，企业可以更加全面地评估自身资源的利用效果，避免资源浪费和决策失误。

（三）边际成本

在管理会计的实践中，边际成本是一个核心概念，它指的是当产量发生微小变动时，成本随之变动的部分。从数学角度看，边际成本实际上就是成本函数对产量的一阶导数。在实际经济活动中，我们通常将产量的微小变动视为一个单位的增减，因此，边际成本的实际计算就转化为产量增加或减少一个单位时成本的变动情况。

在研究成本与产量的关系时，管理会计人员会密切关注边际成本与平均成本之间的关系。当平均成本与边际成本相等时，平均成本达到最低点。这一原理对于指导企业进行成本控制和资源配置具有重要意义。通过精确计算边际成本，企业可以更加精确地掌握成本变动的规律，从而制定更加有效的成本控制策略。

在研究成本、收入与利润的关系时，边际成本与边际收入的关系显得尤为重要。当边际收入和边际成本相等，即边际利润等于零时，企业能实现利润最大化。这一原理对于指导企业的定价策略和销售策略具有重要意义。通过调整价格和销售量，使得边际收入和边际成本达到平衡，从而实现企业利润的最大化。

边际成本还可以帮助企业进行本量利分析，预测和规划企业的盈利能力。通过计算不同产量水平下的边际成本，企业可以更加准确地预测未来的成本走势和盈利空间，从而做出更加明智的经营决策。

通过深入研究和运用边际成本原理，企业可以更加科学地进行成本控制、定价策略制定及盈利能力预测等经营管理工作，从而提高企业的经济效益和市场竞争力。

（四）重置成本

重置成本，即按当前市场价格重新购买某项资产的成本，是管理会计中一个不可或缺的概念。在管理会计的实践中，重置成本为面向未来的决策提供了重要的参考依据，尤其是在价格变动频繁的市场环境下。

管理会计强调决策的相关性和前瞻性。与此相对应，重置成本反映了资产在当前市场上的真实价值，这使得它成为评估资产价值、计算实际损益以及进行经营决策的有力工具。例如，在产品定价决策中，企业不仅需要考虑产品的生产成本，还需要考虑市场上同类产品的价格以及消费者的购买能力等因素。这时，重置成本就成为一个重要的参考指标，帮助企业制定出既具有竞争力又能保证盈利的产品价格。

重置成本还有助于企业进行资产管理和风险控制。通过定期评估资产的重置成本，企业可以及时了解资产价值的变化情况，从而做出相应的调整。比如，当某项资产的重置成本大幅上升时，企业可能需要考虑增加库存或寻找替代产品，以降低经营风险。

重置成本在管理会计中的应用还体现在预算编制、成本控制及绩效评估等方面。在预算编制过程中，企业可以根据重置成本来预测未来的支出情况，从而制定出更为合理的预算计划。在成本控制方面，通过比较实际成本与重置成本，企业可以及时发现成本控制的不足之处，并采取有效措施进行改进。而在绩效评估中，重置成本可以作为一个重要的考核指标，用来评估资产的使用效率和管理效果。

重置成本与管理会计的深度融合为企业提供了更为准确、全面的财务信息，有助于企业做出更为明智的决策。尤其是在价格变动频繁的市场环境下，重置成本更是成为企业经营决策中不可或缺的一部分。

第二节　短期经营决策在企业中的应用

一、短期经营决策的过程

（一）确定要解决的决策问题

在研究短期经营决策时，我们首先需要清晰地界定所要应对的核心议题。这些议题往往围绕着企业在短期内如何通过经营活动实现利益的最大化。而为了达成这一目标，我们必须细致地考虑与之相关的各种成本因素，以确保我们所制定的决策不仅在理论上可行，更在实际操作中能够为企业带来实实在在的经济效益。

短期经营决策往往受到多种外部和内部因素的影响。市场需求的波动可能要求企业迅速调整生产策略，以满足消费者的即时需求；生产能力的增减则直接关系到企业能否及时响应市场的变化；产品定价策略的制定更是企业在激烈的市场竞争中能否脱颖而出的关键；同时，严格的成本控制和投资决策也是确保企业稳健运营的重要环节。此外，随着产品线的不断扩展，如何优化产品组合，以最大限度地满足市场需求并提高企业盈利能力，也成为短期经营决策中不可忽视的一部分。

举例来说，当企业面临一个突如其来的大订单时，决策者需要迅速评估现有生产能力是否能够满足这一需求，并考虑是否需要增加临时工人或调整生产计划。又或者，当市场上出现新的竞争对手时，企业可能需要重新考量其定价策略，以确保在保持利润的同时，不失去市场份额。在明确这些决策问题后，我们还需要进一步确定决策的时间范围。短期决策的特点在于其对时间的敏感性，要求企业能够快速做出反应，并在相对较短的时间内看到决策所带来的成果。这不仅考验着决策者的判断力和应变能力，也要求企业内部具备高效的信息传递和执行机制。

当然，追求短期利润最大化并不意味着可以忽视企业的长期发展目标。因此，在制定短期经营决策时，我们还必须确保其与企业的长期战略规划保持一致。这就要求决策者在做出决策时，不仅要考虑眼前的经济利益，还要兼顾企业的长远发展。

（二）制定备选方案

在应对短期经营决策的挑战时，我们需要构建多种备选方案以应对多变的市场环境和经营需求。构建这些方案的过程，要求管理者进行深入的市场调研和资料分析，同时运用头脑风暴的方法，激发团队的创新思维，探索多元化的解决路径。

在资料搜集与分析阶段，管理者的首要任务是深入挖掘与决策问题息息相关的市场数据、竞争情报、供应链动态产品成本与定价策略等关键信息。这些信息不仅能够帮助管理者深刻理解当前的经营状况，还能为预测未来市场走势提供有力的数据支持。而头脑风暴，作为一种集思广益的创意激发方式，能够汇聚团队成员的智慧与创意，共同探索各种可能的解决方案。在这个过程中，管理者应积极邀请团队成员及行业专家参与，充分利用他们的专业知识和丰富经验，共同为决策问题寻找新颖的解决思路。

备选方案的生成只是第一步，接下来的评估和筛选环节同样重要。管理者需要根据经济效益、风险收益比、实施可行性和资源需求等多个维度，对各个方案进行全面而深入的分析。通过综合运用定量数据和定性评估，我们能够更加准确地识别出那些潜力巨大、风险可控的优质方案。

同时，我们也要意识到，并非所有的备选方案都具有实际操作性。在评估和筛选的过程中，管理者需要保持清醒的头脑，及时剔除那些不切实际或风险过高的方案，以确保最终的决策能够为企业带来实实在在的价值。

构建备选方案是决策过程中不可或缺的一环。通过科学的资料搜集与分析、有效的头脑风暴以及严谨的评估筛选，我们可以为企业打造出一套全面而富有创意的备选方案库，为后续的决策实施奠定坚实的基础。

（三）选择决策方法

备选方案制定完毕后，紧接着的关键步骤便是挑选恰当的决策方法来对这些方案进行细致的评估和对比。管理会计学为我们提供了一系列科学的短期经营决策工具，使得管理者能够对方案进行量化处理，进而展开全面且深入的分析与对比。

在众多决策方法中，边际贡献法备受推崇。它聚焦于每一个产品或服务所带来的边际收益，也就是销售价格超出可变成本的部分，从而判断方案的经济效益。借助边际贡献法，管理者能更为精准地确定产品的定价策略、优化产品组合及制定促销方案。

差量分析法也是管理者手中的一把利器。它侧重于揭示不同方案间的细微差异，如销售数量、成本构成或盈利水平等，从而帮助管理者洞悉各方案的优劣。通过这种方法，管理者能够清晰地看到方案之间的核心区别，进而作出明智的决策。

当面对更为复杂的决策问题时，数学规划法则展现出了其独特的优势。它依托于先进的数学模型和优化算法，通过对众多决策变量、目标函数和约束条件的综合建模与求解，力求找到最为理想的决策方案。这一方法助力管理者在纷繁复杂的变量和约束中探寻到最佳的平衡点。

当然，还有成本无差别点法等其他实用的决策方法。它们能够根据不同方案的成本结构和市场表现，精准地定位到使各方案达到收支平衡的销售或生产数量。这样，管理者便能轻松掌握各方案的盈亏临界点，为决策提供有力的数据支撑。

在选择具体的决策方法时，管理者需根据当前的实际情况和决策问题的独特性质来做出明智的选择，甚至可以灵活地组合运用多种方法。通过挑选合适的决策方法，管理者能够获得更为精确的量化分析结果，更深入地理解备选方案的经济价值和潜在风险，从而做出更加科学、合理的决策。

（四）选择最优方案

在短期经营决策过程中，我们的核心目标是甄选出最优方案，以此达到企业利润的最大化。所谓最优方案，指的是在诸多可行的备选项中，能够带来最佳经济回报并高效利用资源的那个方案。

为了锁定这一最优方案，我们通常会以企业利润最大化为基准进行筛选。具体来说，这需要我们深入剖析每一个备选方案的潜在利润，全方位考量销售收入、成本结构及市场需求等关键因素，并最终挑选出能够创造最高利润的方案。

当面对多个包含相同固定成本的方案时，我们还可以采纳边际贡献最大化的原则来辅助决策。这里的边际贡献，是指售出每一件产品所带来的净收益，也就是销售价格与可变成本的差额。通过横向对比各方案的边际贡献，我们能够更加明智地选择出那个能带来最大边际贡献的方案，从而有效提升整体利润。

在追求最优方案的过程中，风险管理和资源使用效率也是不容忽视的考量因素。不同的方案往往伴随着不同程度的风险，如市场风险、竞争风险和供应链风险等。决策者必须对这些风险进行全面的评估，并在此基础上选择出一个既能有效控制风险，又能实现经济效益最大化的方案。

我们所选择的最优方案还需要与企业的长远战略规划保持高度的一致性。尽管短期决策的首要任务是追求利润最大化，但我们也不能忽视其对企业长期发展的影响。这就要求决策者必须确保最终选定的方案既能满足当前的盈利需求，又能为企业的长远发展打下坚实的基础，推动企业实现可持续的增长并构建起牢固的竞争优势。

在寻找最优方案的过程中，决策者需要全面权衡经济效益、风险管理、资源利用效率及长期战略目标等多个维度。只有通过科学严谨的分析和评估，我们才能找到那个在当前环境下最为适宜的方案，从而为企业短期内的经营决策提供最强有力的支撑。

（五）其他因素

除了追求短期利润最大化，企业决策还需要考虑其他重要因素，以确保决策的全面性和长期可持续性。这些因素与企业的长期战略目标和整体经营环境密切相关。

一项重要的考虑因素是企业的长期战略目标。企业需要确保所做的短期决策与长期战略目标相一致，并为其实现提供支持。这意味着管理者在选择最优方案时应该考虑方案对企业未来增长、市场地位、品牌价值等方面的影响。决策方案应该能够为企业在长期内保持竞争优势和可持续发展提供支持。

另一项重要的考虑因素是市场和竞争环境。企业的决策需要考虑当前的市场需求、竞争对手的行动及潜在的市场变化。例如，如果市场需求下降或竞争加剧，管理者可能需要调整定价策略、促销活动或产品组合，以适应市场变化并保持竞争力。

此外，企业决策还需要考虑风险管理和风险承受能力。不同的决策方案可能存在不同的风险和不确定性。管理者需要评估方案的风险特征，并确定企业可以承受和管理的风险水平。这有助于确保决策方案在风险控制的范围内，并减少潜在的不利影响。

还有一些其他因素可能包括可持续性和社会责任。企业在做出决策时，应考虑其对环境和社会的影响，并采取可持续发展的行动。这可能涉及选择可持续的供应链、推动环保倡议、关注员工福利等。这些因素对于企业的声誉和长期发展至关重要。

综上所述，企业的决策不仅仅局限于短期利润最大化，还需要考虑长期战略目标、市场竞争环境、风险管理、可持续性和社会责任等多个因素。管理者需要全面评估这些因素，并将其纳入决策过程，以制定出符合企业整体利益的最佳决策方案。

二、短期经营决策前提与影响因素

（一）短期经营决策的前提

在企业短期经营决策过程中，为了确保决策的科学性和合理性，我们首先需要建立一套明确的前提条件和成本分类体系。这种体系为我们提供了一种理性的框架，用于分析和比较不同的经营策略或方案。

传统的完全成本法，长久以来被广泛应用于会计和财务管理中。在这种方法下，成本被明确地划分为生产成本和非生产成本两大类。生产成本主要与生产活动直接相关，如原材料、直接人工等；而非生产成本则涵盖了那些与生产和销售无直接关系的费用，如管理费用、销售费用等。然而，在短期经营决策的背景下，我们更倾向于采用变动成本法作为分析的前提。变动成本法的核心理念是根据成本的性态来进行分类，它将成本划分为变动成本和固定成本两大类。这种分类方式更加符合短期决策的需要，因为它能够更准确地反映出成本与业务量之间的动态关系。

具体来说，变动成本是那些随着产量或销售量的增减而呈现相应变化的成本。这类成本与生产或销售的数量紧密相关，如原材料成本、直接人工成本以及某些直接变动费用等。这些成本在业务量增加时会相应上升，在业务量减少时则会随之下降。相对地，固定成本则是指在一定的产量或销售量范围内，不随其变化而变动的成本。这类成本通常包括租金、固定薪资、折旧费用及一些管理费用等。无论生产或销售的数量如何变化，这些固定成本都保持不变。

在建立了以变动成本法为前提的成本分类体系后，我们可以进一步利用本量利分析方法来评估不同决策方案的经济效益。本量利分析是一种强大的定量分析工具，它能够帮助我们深入理解在不同产量或销售量水平下，企业利润将如何变化。

通过本量利分析，管理者可以清晰地看到不同决策方案对企业成本结构、收入水平和盈利能力的影响。这种分析不仅为短期经营决策提供了有力的数据支持，还有助于企业在激烈的市场竞争中保持敏锐的洞察力和灵活的应变能力。总的来说，基于变动成本法和本量利分析的决策框架，为企业的短期经营决策提供了科学、合理且实用的指导。

（二）短期经营决策的影响因素

相关成本，这是一个在决策过程中至关重要的概念，它主要指的是与某一具体决策紧密相连的成本。当我们站在十字路口，需要对不同的决策方案进行评估时，我们的关注点会集中在那些直接受到决策影响的成本上。值得注意的是，相关成本必须是未来才会产生的费用，而且在不同的决策路径中，这些成本应该是有所区别的。正是基于对这些成本的深入剖析，我们才能够更加精确地衡量每一个决策方案可能带来的经济效益以及其对成本结构的影响。

而机会成本，是一个揭示资源分配背后隐藏代价的概念。在一个资源有限的世界里，每一种资源都可能有多种用途。每当我们做出一个选择，就意味着我们同时放弃了其他所有可能的选项。而机会成本，正是用来量化这种"放弃"的代价——它代表的是被放弃方案中可能带来的最大收益。这个概念的重要性不言而喻，因为它能帮助我们更加全面地认识每一个决策背后的得与失。

再来说说可避免成本，这是指在特定决策下能够得以规避或减少的成本。当我们站在多个决策方案的交叉点，试图找出最优路径时，可避免成本成为了一个不可忽视的考量因素。这些成本实际上构成了不同方案之间的"增量成本"，也就是说，如果我们选择了方案 A 而不是方案 B，那么方案 B 中原本需要支出的某些成本就可以被避免。从这个角度来看，可避免成本也自然地归属于相关成本的范畴之中。

三、短期经营决策的实际应用

（一）特别订单

在研究企业的短期经营策略时，我们首先需要准确识别和定义当前所面临的关键问题。这些问题主要聚焦于企业如何在短期内优化经营活动，从而达到收益的最大化。为实现这一目标，我们必须对涉及的各种成本进行深入分析，确保我们的决策不仅在理论层面站得住脚，而且在实践中能为企业创造真正的价值。

短期经营决策的制定常常受到内外部环境多重因素的影响。市场需求的快速变化可能迫使企业迅速调整其生产策略，以更好地满足消费者的即时需求；生产能力的调整直接关系到企业响应市场变动的速度和灵活性；在激烈的市场竞争中，如何制定合理的产品定价策略显得尤为重要；同时，严格的成本控制和明智的投资决策是企业稳定运营的关键。此外，随着产品种类的不断增加，如何优化产品组合以提高市场满足度和企业的盈利能力，也成为短期经营决策中必须要考虑的问题。

例如，当企业突然接到一个大订单时，决策者需要迅速评估现有的生产能力，并决定是否需要增加临时工或调整生产流程。又比如，当新的竞争者进入市场时，企业可能需要重新考虑其定价策略，以确保在维持利润的同时不损失市场份额。在确定了这些核心问题后，我们还需要进一步明确决策的时间框架。短期决策的特点是对时间的高度敏感性，要求企业能够快速而准确地做出反应，并期望在较短的时间内看到明显的成果。这不仅对决策者的判断力和应变能力提出了高要求，也需要在企业内部建立高效的信息流通和执行体系。

当然，追求短期内的利润最大化并不意味着可以牺牲企业的长期发展目标。因此，在制定短期经营决策时，我们必须确保其与企业的长期战略相契合。这要求决策者在做决策时既要关注当前的经济效益，也要考虑企业的长远利益。

（二）自制或外购的决策

在企业的短期运营策略中，一个经常出现的问题是：究竟是自主生产产品，还是从外部市场采购？这个决策需要全面对比内部生产的成本和外部采购的成本，同时还要兼顾机会成本和诸多定性要素。

企业需对自主生产所涉及的成本进行详尽的核算。这些成本涵盖了原材料、劳动力、设备折旧和维护等多个方面。选择自主生产往往意味着大量的资源投入，包括但不限于生产线、技术支持和人力配备。因此，对这些内部生产成本的准确把握，对决策至关重要。

外部采购的成本也是需要仔细计算的。这包括了产品的采购成本、运输费用及相关的管理开支。外部采购能够为企业节省大量的生产和管理资源，同时提供更加灵活的供应链方案。然而，这种方式也并非没有风险，比如供应链的不稳定、产品质量难以保证等问题。

当企业在自主生产和外部采购之间犹豫时，机会成本是一个不可忽视的考虑因素。机会成本指的是当选择某一方案时，放弃其他可行方案后可能带来的收益。如果选择自主生产，企业就放弃了外部采购可能带来的某些优势，这些放弃的优势就是机会成本。因此，企业需要在自主生产和外部采购之间找到一个平衡点，使得机会成本最小化。

一些定性的因素也是决策过程中必须要考虑的。这些因素包括产品质量的控制、供应链的稳定性、技术的保密性以及企业的核心竞争力等。自主生产可能更有助于企业对产品质量的把控和技术秘密的保护，进而提升企业的核心竞争力。但外部采购则可能为企业提供更加先进的技术和更加稳定的供应链，从而降低企业的运营风险。

企业在做出自主生产还是外部采购的决策时，需要全面考虑内部生产成本、外部采购成本、机会成本以及一系列的定性因素。这就要求企业对自己的资源、能力和战略目标有一个清晰的认识，同时结合供应链管理和成本效益分析，以做出最优的短期运营决策。

（三）销售或进一步加工的决策

在短期经营决策中，企业可能面临销售产品还是进一步加工产品的选择。这种情况通常涉及联合产品的生产，即通过单一共同投入生产出多种产品，并考虑是否对其中某些产品进行进一步加工以提高其功能和价值。

当企业生产出联合产品时，这些产品可能具有不同的特征和功能，且存在不同的市场需求。进一步加工联合产品可以改变其特征和功能，从而提高其售价和市场竞争力。然而，进一步加工也会产生额外的加工成本，并可能对原始产品的供应和市场定位产生影响。

为了做出销售还是进一步加工的决策，企业需要进行一系列分析和比较。首先，企业需要确定每种产品在分离点的售价。分离点是指在联合产品生产过程中，各个产品可以分开计算成本和售价的点。然后，企业可以对进一步加工后的产品确定最终售价，并计算增量收入。

接下来，企业需要比较增量收入与增量成本。增量收入是指进一步加工产品带来的额外收入，即进一步加工产品的售价与原始产品的分离点售价之间的差异。增量成本是指由于进一步加工而产生的额外成本，包括加工费用、材料成本和人工成本等。

通过比较增量收入和增量成本，企业可以判断进一步加工是否具有经济利益。如果增量收入大于增量成本，那么进一步加工将带来额外的利润，并提高产品的市场价值。如果增量收入小于增量成本，那么在加工前出售产品可能更为合适，以避免额外的加工成本并确保利润最大化。

需要注意的是，在销售还是进一步加工的决策过程中，企业通常不考虑联合产品的共同成本，因为这些成本被视为沉没成本，无论选择销售还是进一步加工，它们都不会发生变化。

综合考虑产品市场需求、进一步加工的经济效益、增量收入和增量成本，企业可以做出销售还是进一步加工的决策，以实现短期经营目标和最大化利润。这需要企业对市场趋势和竞争环境有准确的了解，以及对产品特性、加工能力和市场定位等因素进行综合分析和权衡。

（四）限制因素

在企业的短期经营策略中，常常会面临一个选择：是直接将产品销售出去，还是对产品进行深层次的加工以增加其价值？这种情境在联合产品生产中尤为常见，即通过相同的初始投入制造出多种产品，并思考是否对某些产品进行额外加工以增强其功能或提升其市场价值。

当企业产出联合产品时，这些产品可能各具特色，以满足不同的市场需求。对产品进行深加工可能会改变其原有的属性和功能，从而提升其销售价格和市场吸引力。但与此同时，深加工也会带来额外的成本，并可能影响原有产品的市场供应和定位。

为了做出明智的销售或深加工决策，企业需要进行深入的分析和比较。首要步骤是确定每种产品在生产分离点的销售价格。这里的"分离点"指的是在联合产品的生产过程中，各个产品可以独立核算成本和售价的时间点。随后，企业还需要预估深加工后产品的最终销售价格，并据此计算出额外的收入。紧接着，企业需要对比额外的收入和额外的成本。额外的收入是指深加工产品带来的新增收入，即深加工后的销售价格与原始分离点价格的差额。而额外的成本则包括因深加工而产生的所有新增成本，如加工费、材料费和人工费等。

通过对比这两方面的数据，企业可以评估深加工是否具有经济效益。如果额外的收入超过了额外的成本，那么深加工将为企业带来额外的利润，并提升产品的市场价值。反之，如果额外的收入不足以覆盖额外的成本，那么在深加工之前就将产品销售出去可能更为明智，以避免不必要的成本开支并确保利润的最大化。

值得注意的是，在做这一决策时，企业通常不会考虑联合产品的共同成本，因为这些成本已经发生，不会因销售或深加工的决策而改变，因此可以视作是沉没成本。

考量产品的市场需求、深加工的经济效益、额外的收入和成本，企业可以做出销售或深加工的决策，以实现短期的经营目标和利润的最大化。这一过程要求企业对市场趋势和竞争环境有深入的理解，同时还需要对产品特性、加工能力和市场定位等因素进行全面的分析和权衡。

第三节　企业长期投资决策

一、长期投资决策概述

（一）长期投资决策的含义

在市场与经济蓬勃发展的今天，企业间的竞争日趋激烈。为了稳固市场地位并寻求持续增长，多向投资成为企业不可或缺的策略。其中，长期投资因其深远的影响和稳定的回报，已被众多企业视为一种非常重要的经济投资手段。

长期投资，顾名思义，是指那些资金投入量大、回报周期长且能够在较长时间内对企业盈利能力产生持续影响的投资行为。这种投资方式不仅仅是为了追求短期的盈利，更多的是看重长远的利益和发展。与短期投资相比，长期投资更需要企业有前瞻性的战略眼光和稳健的财务管理。

当我们谈及长期投资决策时，这实际上是一个涉及多方面考量与权衡的复杂过程。首先，企业需要明确自身的投资目标，这通常与企业的整体战略和市场定位紧密相连。是追求技术的领先，还是市场的扩张，或是品牌的提升？不同的目标将引导企业走向不同的投资路径。

明确了投资目标之后，企业需要提出多种备选的投资方案。这些方案可能涉及固定资产投资、无形资产投资或是长期证券投资等。每一种投资方式都有其独特的优点和风险，企业需要根据自身的实际情况和市场环境进行细致地分析和筛选。在众多的备选方案中，选择出最优的方案是关键。这不仅仅是一个经济效益的问题，还涉及企业的资源分配、风险控制及未来的发展潜力。因此，企业在做决策时需要综合考虑各种因素，包括但不限于投资回报率、市场风险、技术可行性和行业竞争态势等。一旦最优方案确定，企业便需要全力以赴地实施投资计划。这包括资金的筹措、项目的推进及后续的运营管理等。每一个环节都需要企业精心组织和严格把控，以确保投资能够按照既定的计划顺利进行。

但同样重要的是对投资效果的考核。这不仅是为了评估投资是否达到了预期的目标，更是为了从中吸取经验教训，为未来的投资决策提供有益的参考。通过定期的评估和反馈，企业可以不断调整和优化其投资策略，从而在激烈的市场竞争中保持领先。

长期投资决策是一个系统性、战略性的过程，它要求企业具备清晰的目标、科学的分析方法、严谨的执行力和敏锐的市场洞察力。只有这样，企业才能在复杂多变的市场环境中立于不败之地。

（二）长期投资决策的类型

当我们深入探讨长期投资决策时，会发现这一领域涵盖了两种核心类型：固定资产投资决策和有价证券投资决策。这两种类型的决策不仅反映了企业资金运用的不同策略，也体现了企业对风险和收益的不同权衡。

固定资产投资决策，或称直接投资决策，是企业战略中最为直观和实质性的一部分。这种决策关注的是如何直接增强企业的核心生产能力，无论是通过增设新的生产线，还是对现有设施进行技术升级或规模扩张。例如，当一家制造企业决定投资建设一个全新的自动化生产线，以提高生产效率和产品质量时，就属于典型的固定资产投资决策。此外，资源开发和新产品研发的投资也属于这一范畴，这些投资旨在确保企业在激烈的市场竞争中保持技术领先和产品创新。

固定资产投资决策的特点在于其长期性和高风险性。由于涉及大量的初期投入和长期的资金回收周期，企业必须进行详尽的市场分析和风险评估。同时，这类投资还要求企业具备强大的项目管理能力和资金运作能力，以确保项目的顺利进行和预期收益的实现。

相比之下，有价证券投资决策，或称间接投资决策，更多地涉及金融市场的运作和资本配置。这种决策的核心在于通过购买其他公司发行的债券或股票，间接参与到这些公司的经营活动中，并从中获取收益。有价证券投资的优势在于其流动性强、易于变现，并且可以通过分散投资来降低单一项目的风险。然而，这也要求投资者具备丰富的金融知识和敏锐的市场洞察力，以便在不同类型的金融资产中做出明智的选择。

有价证券投资决策的制定过程同样复杂。投资者需要密切关注市场动态、行业趋势及目标公司的财务状况和经营策略。此外，他们还需要考虑宏观经济因素、政策变化以及国际金融市场的影响。这些因素都可能对证券的价格和收益产生重大影响。

固定资产投资决策和有价证券投资决策各具特点，分别体现了企业在实体经营和金融投资方面的战略考量。在制定这些决策时，企业必须综合考虑自身的资源、能力、风险承受能力和市场环境等多重因素，以确保资金的有效利用和长期收益的最大化。

（三）长期投资决策的特征

相较于短期经营决策，长期投资决策展现出其特有的属性和影响力。这主要体现在以下两个方面。

一方面，长期投资决策常常牵涉到企业生产或服务能力的重大变革。当企业决定进行长期投资时，比如增设新的生产线、引进先进技术等，这些都是为了提升企业的核心生产能力或服务质量。这种决策的影响力远超过日常的运营管理，它可能意味着企业业务范围的拓展、产品结构的升级或是市场定位的调整。相反，短期经营决策更多关注的是日常运营中的小问题，如库存管理、价格调整等，这些决策通常不会对企业的生产能力产生直接影响。

另一方面，长期投资决策涉及的资金量往往非常庞大，而其带来的效益却需要经历一个相对较长的周期才能显现。这是因为长期投资通常包括基础设施建设、技术研发、品牌推广等需要大量时间和资金投入的项目。由于投资回报期长，企业在做出这类决策时必须进行深思熟虑，全面评估投资的风险和收益。一旦决策失误，可能会给企业带来长期的负面影响。相比之下，短期经营决策的影响周期较短，企业可以更快地看到决策的效果，并根据实际情况进行调整。

长期投资决策在影响深度和周期上都与短期经营决策存在显著差异。它不仅仅关乎企业当前的运营状况，更影响着企业未来的发展方向和竞争格局。因此，企业在做出长期投资决策时，必须秉持谨慎和前瞻性的原则，确保每一项投资都能为企业带来长远的利益。

二、长期投资决策的影响因素

（一）货币时间价值

1. 货币时间价值的概念

货币时间价值是一个深入而重要的经济概念，它指的是货币在经过一段时间的投资和再投资过程后能够产生的增值。这个概念揭示了资金在不同时间点上的价值差异，这种差异不仅受到通货膨胀和风险因素的影响，更重要的是"时间"这一要素在其中的作用。

在商品经济的环境下，投资活动总是与资金的流动紧密相连。然而，投资者手中的资金往往并不能满足其全部的投资需求，因此借款成了一种常见的做法。但资金的拥有者并不会无偿地提供资金，他们期望在使用资金的同时能获得一定的回报。这正是为什么当我们把 100 元存入银行，一年后能得到 110 元的原因（这里我们假设银行的年利率为 10%）。从另一个角度来看，这 100 元在经历了一年的投资后，增值到了 110 元，其中多出的 10 元，便是货币时间价值的直接体现，也可以称之为资金的时间价值。

在财务管理的实践中，人们更倾向于使用相对数值来描述货币的时间价值，即增值部分与原价值的比例。在上述例子中，这个比例就是 10%。值得注意的是，如果我们选择将这 110 元继续存入银行进行投资，它将会以相同的比例持续增长。这种增长模式并不是线性的，而是一种几何级数的增长方式，随着时间的推移，货币的价值将会以惊人的速度累积。

从量化的角度来看，货币的时间价值在没有通货膨胀和风险因素干扰的情况下，等同于社会的平均资本利润率。在日常生活中，由于政府债券的风险相对较低，因此在通货膨胀率较低的环境下，人们常常会将政府债券的利率视作货币时间价值的一个近似值。

货币时间价值在投资决策中扮演着至关重要的角色，它是评估投资方案是否可行的基本准则。只有当投资的回报率超过了货币的时间价值，这样的投资项目才可能被投资者所接受。反之，如果投资的回报率低于这个标准，那么投资者很可能会选择放弃这个项目。这是因为投资者的核心目标是实现资金的增值，而这必然要求投资的回报率要高于社会的平均资本利润率。否则，投资者完全可以选择将资金存入银行或购买国债，以获取更为稳定和可预期的回报。

2．货币时间价值的计算

货币时间价值体现为资金的终值和现值之间的差额，具体计算一般涉及两个概念：第一，现值（P）又称本金，是指资金现在的价值；第二，终值（F）又称本利和，是指资金经过若干时期后包括本金和时间价值在内的未来价值。具体分为单利终值与现值、复利终值与现值、年金终值与现值。

（1）计息方式

第一，单利计息。单利计息是只对初始本金计算利息的一种计息方式。单利计息时，利息的计算公式为：

$$I = P \times i \times n \qquad (3-1)$$

式中：I——到期利息；

P——本金；

i——利率；

n——期数。

复利计息，这是一个相对复杂但也更具现实意义的计息方式。在这种方式下，不仅会对初始的本金进行计算利息，同时还会对之前产生的利息进行利息的计算。简而言之，每一个计息周期结束后，新产生的利息都会被加入到本金中，然后在这个增加后的本金基础上继续计算下一个周期的利息，这就是人们常说的"利滚利"。

与单利计息相比，复利计息显然要复杂得多。它不仅仅是对本金进行一次性的利息计算，而且要在每个计息周期后重新调整计息的基础。这种计息方式不仅充分考虑了初始资金的时间价值，更重要的是，它还深入考虑到了由初始资金所产生的利息的时间价值。这使得复利计息成为一个能够更全面、更准确地反映货币时间价值的计息方式。

也正因为复利计息的这种全面性和准确性，使它在长期投资决策中，特别是涉及货币时间价值计算的时候，被广泛应用。毕竟，在长期的投资过程中，利息的累积和再投资是一个不可忽视的重要因素。而复利计息，恰恰能够精确地模拟和计算这一过程，从而为投资者提供更为准确、更为科学的决策依据。因此，无论是在理论研究中，还是在实际操作中，复利计息都扮演着极为重要的角色。

（2）复利终值与复利现值

第一，复利终值。复利终值是在某一特定时点上一次性存入银行一笔资金，经过一段时间后得到的本利和，记作 F。该特定时点上的本金称为复利现值，记作 P。已知现值 P、利率 i，求 n 期后的终值 F 时，复利终值可按下式计算：

复利终值（F）＝复利现值×（1＋利率）期数＝$P×(1+i)n$（3-2）

式中，$(1+i)n$ 称为复利终值系数或1元的复利终值，用 $(F/P,i,n)$ 表示。

第二，复利现值。复利现值是指未来一定时间的特定资金按复利计算的现在价值，或者说是为了取得将来一定的本利和，现在所需要投入的本金，记作 P。

根据复利终值的计算公式可推出：

$$P=F×\frac{1}{(1+i)^n} \qquad (3-3)$$

（3）年金的计算

年金，这个经济术语，描述的是在一定时间段内，以固定的时间间隔（如每年）发生的一系列等额收付款项。这种特殊的收付款形式在金融、经济等多个领域有着广泛的应用。例如，分期付款购物、定期偿还贷款、养老金的发放、工程款的分期支付，以及每年稳定的销售收入等，都可以看作是年金的不同表现形式。

年金有两个核心特征。首先是连续性，这意味着在特定的时间段内，每隔固定的时间就会发生一次收付款业务，这个过程是连续的，不会出现中断。其次是等额性，也就是说，每一次的收付款金额都是相同的。年金有多种类型，包括普通年金、预付年金、递延年金和永续年金等。其中，普通年金是最常见的一种，而其他类型的年金都可以基于普通年金进行推导。

普通年金，也被称为后付年金，其特点是在每个期间的末尾进行收付款。这种年金形式在日常生活中非常常见，比如定期存款的利息支付、分期付款的商品购买等。

预付年金则与普通年金相反，它是在每个期间的开始时进行收付款。这种年金形式在某些特定的金融产品或合同中更为常见，比如租金、保险费等。

递延年金是一种特殊的年金形式，它在一开始的若干期间内并没有收付款项，而是在后续的期间内开始进行等额的收付款。这种形式常用于某些长期投资项目或特定的金融产品。

永续年金则指的是无限期支付的年金。这种年金形式在金融市场中也有其特定的应用场景，比如优先股的股利支付就是固定的，且没有到期日，因此可以看作是一种永续年金。

永续年金的计算公式为：

$$P = A \times \frac{1 - (1+i)^{-n}}{i} \tag{3-4}$$

n 趋于 ∞。当 n 趋向于 ∞ 时，$(1+i)^{-n}$ 的极限为 0，故上式可写为：$P = \dfrac{A}{i}$。

3. 名义利率与实际利率

利息率简称利率，是资金的增值同投入资金的价值比，也是衡量资金增值量的基本单位。利率分为实际利率和名义利率。当利息在 1 年内要复利多次时，给出的年利率称为名义利率。名义利率不能完全反映资金的时间价值，实际利率才真正反映资金的时间价值。当计息周期为一年时，名义利率与实际利率相等；当计息周期短于一年时，实际利率大于名义利率。名义利率越大，计息周期越短，实际利率与名义利率的差异就越大。

假设在一年中计算利息 M 次，实际利率 i 与名义利率 r 的关系可表达为：

$$1+i=\left(1+\frac{r}{M}\right)^{M} \qquad\qquad (3-5)$$

（二）投资项目现金流量的估计

1. 投资项目现金流量的构成

项目的税后增量现金流量，是评估一个项目经济效益的关键指标，我们通常称之为相关现金流量。这种现金流量贯穿于项目的各个阶段，从项目的启动到结束，每个阶段都有其独特的现金流量特征。

我们来看项目初始现金流量。这一阶段主要涉及为项目奠定物质基础所需的直接资金投入。涵盖了设备的购置与安装、为确保项目顺利运行所必需的营运资本投入等。此外，还有一个常被忽视但至关重要的成本——机会成本。机会成本代表着为了选择当前项目而放弃的其他潜在投资机会可能带来的收益。

接下来，项目寿命期内的现金流量就显得尤为重要。这一阶段的现金流量主要反映了项目实施后所带来的经济效益。具体来说，它包括新项目带来的税后增量现金流入，如销售收入、服务费用等，以及与之相关的现金流出，如原材料采购、员工工资等。值得注意的是，那些与新项目实施无直接关联的费用，如行政管理人员和辅助生产部门的支出，如果不受新项目影响，则不计入此阶段的现金流出。同时，由于我们在计算现金流量时已经考虑了筹资成本（这体现在所选的折现率中），因此与项目融资相关的现金流出，如债务利息、本金偿还以及股权融资的现金股利等，均不纳入此阶段的现金流量计算。

最后，我们关注项目寿命期末的现金流量。这一阶段主要涉及项目结束时的资金回笼和后续处理。例如，项目结束后设备的出售所带来的税后净现金流入、营运资本的回收等。同时，还需要考虑可能存在的其他现金流出，如项目结束后可能产生的清理费用或履行某些弃置义务所产生的费用。

一个项目的税后增量现金流量是一个动态变化的过程，它随着项目的推进而不断变化。因此，在项目评估时，我们需要全面、细致地考虑项目在各个阶段的现金流量情况，以确保项目的经济效益得到准确评估。

2. 投资项目现金流量的影响因素

投资项目的年度现金净流量涉及多重变量，这需要企业内多个部门的紧密合作。举例来说，销售部门需要预测产品的售价和销售数量，其中包括对产品价格弹性的考量、广告效果的评估及紧密关注竞争对手的动态。产品开发和技术部门则肩负着估算投资项目长期资产总投资的重任，这涵盖了研发支出、设备采购、厂房建设等诸多方面。而生产和成本部门的核心任务则是预测制造成本，这涉及原材料采购成本、生产流程的安排和产品成本的核算。

在这个复杂的预测过程中，财务部门扮演着至关重要的角色。他们不仅需要为销售、生产等部门建立的预测设定共同的基本假设条件，比如物价水平、折现率以及可供资源的限制等，还需要协调各个部门之间的工作，以确保预测工作的顺利进行。更重要的是，财务人员需要时刻警惕，防止各部门在预测过程中高估收入或低估成本，从而保证预测数据的客观性和准确性。

在确定投资项目相关现金流量时，我们必须遵循一个基本原则：只有增量现金流量才是与项目直接相关的。这里的增量现金流量指的是，由于接受或拒绝某个投资项目而引发的企业总现金流量的变化。简而言之，就是那些因为采纳某个项目而额外产生的现金流入和流出。

在进行这类判断时，我们需要注意四个关键问题。首先，要能够区分相关成本和非相关成本。相关成本是那些与特定决策紧密相关，且在分析和评价时必须考虑的成本，如差额成本、未来成本等。而非相关成本，如沉没成本等，则在分析时无须考虑。

我们不能忽视机会成本的概念。在选择投资项目时，选择一个项目往往意味着放弃其他可能的投资机会。这些被放弃的机会可能带来的收益，就是我们所选择项目的机会成本。需要注意的是，机会成本并不是实际的支出或费用，而是指潜在的收益损失。

我们还需要考虑新投资项目可能对公司其他项目产生的影响。这种影响可能是正面的，也可能是负面的，而且往往很难准确量化。但决策者在进行投资分析时，必须考虑到这些项目间的相互影响。

新项目的实施通常会对营运资本产生影响。一方面，新项目可能需要额外的资金来满足新的经营性流动资产的需求；另一方面，公司也可能通过增加经营性流动负债来降低营运资金的需求。这两者之间的差额，就构成了营运资本的净需求。在投资决策分析时，我们通常假设在项目开始时筹措的营运资本在项目结束时能够收回。

投资决策是一个复杂而多维度的过程，需要企业内多个部门的协同合作和精确分析。

（三）资本成本和要求报酬率

1. 资本成本

资本成本是指企业为筹措和使用资金必须支付的各种费用，在企业筹资决策、投资决策中具有重要的作用。

（1）资本成本主要由两部分构成：用资费用和筹资费用

第一，用资费用，是指企业在使用筹集到的资金时需要支付的费用。例如，当企业向股东支付股利，或者向债权人支付利息时，这些都属于用资费用。这种费用的特点在于，它的金额大小与使用资金的数额和资金的使用时间密切相关。简而言之，使用的资金越多，使用的时间越长，企业需要支付的用资费用也就越多。这也是资本成本中最为重要的一个组成部分。

第二，筹资费用，它涉及企业在筹集资金过程中所产生的各种费用。比如，当企业向银行或其他金融机构借款时，可能需要支付一定的手续费；当企业通过发行证券，如股票或债券，来筹集资金时，也会产生相应的发行费用。值得注意的是，筹资费用的金额主要与资金的筹措方式有关，而与筹集到的资金数额或使用时间的长短没有直接关系。这意味着，不同的筹资方式可能会导致不同的筹资费用，一旦筹资方式确定，费用也就基本确定了，与后续的资金使用无关。

由于筹资费用的存在，企业实际筹资额等于计划筹资额减筹资费用，因此，企业资金使用的实际代价高于名义代价。如果不考虑所得税因素，资本成本应按下列公式计算：

$$资本成本＝每年的用资费用 / （筹资金额－筹资费用） \qquad （3-6）$$

（2）资本成本的计算

第一，个别资本成本的计算。个别资本成本是各种长期资本的使用成本，在数额上等于每种长期资本的年实际占用费与其筹资净额的比值，即：

$$K=\frac{D}{P-f} \text{ 或 } K=\frac{D}{P(1-F)} \qquad （3-7）$$

式中：K——资本成本率；

D——资本年实际占用费；

P——资本的筹资总额；

f——资本筹集费；

F——筹资费率，$F=f/d$。

第二，综合资本成本的计算。筹资方式往往不是单一的，企业总的资本成本应是各类资本成本的综合，称为综合资本成本。综合资本成本是以各类资本在全部资本中所占的比重为权数，对各类资本成本进行加权平均后得到的，其计算公式为：

$$K_w=\sum_{j=1}^{n}K_jW_j \tag{3-8}$$

式中：K_w——综合资本成本；

K_j——第 j 类个别资本成本；

W_j——第 j 类个别资本占全部资本的比重。

在计算综合资本成本时，最关键的问题是如何确定各类资本成本的权数。资本成本权数的确定通常有三种方法：账面价值权数法、市场价值权数法和目标价值权数法。

账面价值权数法的优点是资料容易取得，但是由于资本的账面价值常常与市场价值差别较大，特别是股票、债券等市场价格变动较大，如果用账面价值作为权数进行计算，其结果将会与实际有很大的差别。

市场价值权数法以股票、债券的市场价格为基础，确认各类资本的权数，计算的综合资本成本与实际较为接近。由于股票、债券的市场价格变动频繁，因此有时也采用市场平均价格作为确认权数的基础。

账面价值权数法和市场价值权数法计算权数的基础是资本过去或现在的价值，有时为了反映企业将来预期的资本结构，也可以采用股票、债券未来预计的目标市场价值计算权数，这种确定权数的方法就叫作目标价值权数法。

2. 要求报酬率

要求报酬率是指企业期望投资项目获取的最低报酬率。长期投资决策中，资本成本是评价投资项目效益、取舍投资项目的标准。投资者筹集资本需要支付成本，取得的资本用于项目以后，要求项目投资报酬率至少应能补偿所支付的资本成本。只有获得的投资报酬率大于或等于付出的资本成本，投资者才愿意投资，资本成本是投资项目能够接受的最低报酬率。

一般来说，企业长期投资的资本可能有多种渠道来源，因此，要计算资本的加权平均成本。资本的加权平均成本是指以单项筹资资本成本为基础，以各类资本所占比例为权数，其计算公式如下：

$$K = \sum_{i=1}^{n} K_i W_i \qquad\qquad (3-9)$$

式中：K——加权平均资本成本；

$\qquad$ W_1——第 i 种资本来源所占比重；

$\qquad$ K_1——第 i 种资本来源筹资成本。

（四）投资的风险

1. 投资的风险价值及其表现形式

风险，这一概念常用于描绘某项活动在未来可能产生的多种随机结果。它专门针对未来事件，因为已经发生的事件结果既定，不存在风险性。长期投资决策，其本质是面向未知的未来，由于投资项目未来的发展充满变数，其结果呈现多样性，因此不可避免地伴随着风险。值得注意的是，风险的大小与事件的持续时间密切相关，时间跨度越长，不确定因素累积越多，风险也随之增大。

在进行长期投资决策时，我们必须综合考虑诸多因素。风险具有两面性，它既可能带来损失和危机，也可能带来丰厚的收益和成功。正因为风险的存在，人们在进行投资决策时往往更加谨慎。风险越高，投资者的顾虑就越大，他们所期望的回报率也就相应地提高。这种高风险与高回报的对应关系，是市场自由竞争的自然结果。

为了量化这种风险与回报的关系，我们引入了一个计算公式：

$$期望投资报酬率＝无风险报酬率＋风险报酬率的总和$$

在这里，无风险报酬率可以理解为社会平均的最低回报率，而风险报酬率则是为了补偿投资者因承担风险而应当获得的额外收益。

进一步地，如果假设风险和风险报酬率之间存在线性关系，那么风险报酬率就可以通过风险报酬斜率与风险程度的乘积来计算。风险程度通常通过标准差或标准离差率等统计指标来衡量，而风险报酬斜率则反映了市场上投资者的整体风险偏好。这一斜率的大小取决于投资者的风险规避态度，如果市场上大多数投资者都表现出较强的风险承受能力，那么风险报酬斜率就会相对较小，反之亦然。这种市场动态调整的过程，确保了风险与回报之间的动态平衡。

2．投资风险价值的计算程序

（1）在事先测算投资项目未来各种情况预计年收益的基础上，以各种情况下相应的客观或主观概率为权数，计算未来收益的数学期望值。公式为：

$$未来收益的数学期望值（E）=$$
$$\sum 某种情况下的预计年收益 \times 该种情况出现的概率 \quad （3-10）$$

（2）计算标准离差和标准离差率。公式为：

$$（d）= \sum [（某种情况下的预计年收益 - 未来收益的数学期望值）^2$$
$$\times 该情况出现的概率] \quad （3-11a）$$

$$标准离差率（q）= 标准离差 / 未来收益的数学期望值 \quad （3-11b）$$

某投资项目的标准离差是反映其风险程度的绝对数指标，而标准离差率则为其风险程度的相对数指标。这两项指标越小，意味着投资项目未来收益偏离期望值的幅度越小，即未来收益更确定，该投资项目的风险程度较低；反之，则表示未来收益不太确定，风险程度较高。对于不同的投资项目，通常根据各项目标准离差率的大小进行分析、比较，以标准离差率最小者为最优项目。

3．投资项目的风险分析

实际工作中，投资活动充满不确定性。如果决策面临的不确定性比较小，一般可忽略不确定性的影响，进而把决策视为确定情况下的决策。如果决策面临的不确定性和风险比较大，足以影响方案的选择，就应对它们进行计量，并在决策过程中加以考虑。

投资风险分析最常用的方法是风险调整贴现率法，其基本思想是对高风险的项目要采用较高的贴现率，并根据风险大小确定风险因素的贴现率，即风险调整贴现率。其计算公式为：

$$K = i + bQ \quad （3-12）$$

式中：K——风险调整贴现率；

  i——无风险调整贴现率；

  b——风险报酬斜率；

  Q——风险程度。

  风险报酬斜率是直线方程 $K = i + bQ$ 的系数 b，其高低反映风险程度变化对风险调整最低报酬率的影响大小。b 值是经验数据，根据历史资料用高低点法或直线回归线法求出。

三、管理会计与企业长期决策

  管理会计在企业长期决策中扮演着至关重要的角色。管理会计不仅仅关注企业的日常运营和短期目标，更注重为企业的战略规划和长期发展提供有力的数据支持和决策依据。

（一）管理会计帮助决策者了解企业状况

  管理会计是企业管理中的重要一环，它通过收集、整理和分析各种财务信息和非财务信息，为企业决策者提供全面了解企业经营状况和财务状况的途径。这些信息来源广泛，不仅包括传统的财务数据如成本、收入、利润等，还涵盖了市场份额、客户满意度等非财务信息。

  在收集成本数据时，管理会计不仅关注直接材料、直接人工和制造费用等明细，还深入分析成本的构成和变化趋势，帮助企业找到降低成本、提高效率的途径。同时，收入数据的分析则侧重于收入来源、增长趋势以及与客户的关系等方面，以便企业能够更好地调整销售策略，提高盈利能力。

  除了财务数据，管理会计还重视非财务信息的收集与分析。市场份额数据反映了企业在市场中的竞争地位，通过对比竞争对手的表现，企业可以明确自身的优势和劣势，从而调整市场策略。客户满意度数据则揭示了客户对企业产品和服务的评价，这是改进产品和服务质量、提升客户忠诚度的重要依据。

  管理会计的精细化分析不仅限于数据的罗列，更在于对数据背后深层含义的挖掘。通过对财务和非财务信息的综合考量，管理会计帮助企业决策者更加准确地评估自身的竞争力和市场地位。这种全面、深入的分析为企业制定长期战略提供了坚实的基础，使得企业能够在激烈的市场竞争中保持清醒的头脑，做出明智的决策。

（二）管理会计可以为企业提供预测和规划工具

通过对历史经营数据的深入挖掘与分析，并结合对未来市场动态的敏锐洞察与趋势预测，管理会计为企业描绘出了一幅清晰的发展蓝图。基于这幅蓝图，企业能够制定出更为科学合理的预算和全面计划。这些预算和计划不仅着眼于企业的财务健康状况，即收入、支出与利润等核心财务指标，更广泛考虑了企业在生产、销售以及人力资源等各个关键领域的发展目标。

具体来说，在生产方面，管理会计会利用历史数据来预测未来的生产需求和成本变动，从而制定出既能满足市场需求又不会造成资源浪费的生产计划。在销售领域，通过对市场趋势的精准把握和对消费者行为的深入分析，管理会计帮助企业设定既具有挑战性又切实可行的销售目标，并制定相应的销售策略。而在人力资源管理上，管理会计则通过分析员工绩效、流动率等数据，为企业在招聘、培训、激励等方面提供有力支持，确保企业拥有足够的人力资源来实现其战略目标。

通过这些精心制定的预算和计划，企业得以更加明确自身的发展方向和目标。这不仅为企业内部的各个部门提供了清晰的工作指南，也为企业的战略实施和资源配置提供了有力的决策依据。简而言之，管理会计在这一过程中所发挥的作用，是确保企业在追求长期发展的过程中，每一步都走得稳健而有力。

（三）管理会计还可以为企业提供风险管理和内部控制的支持

在企业的长期战略规划与决策制定中，不确定性是一个无法回避的问题。市场环境的快速变化、政府政策的不断调整及行业竞争的日益激烈，都为企业带来了前所未有的挑战。在这样的背景下，管理会计展现出了其不可或缺的价值。

管理会计具备对各种风险因素进行深入量化分析的能力，结合情景模拟技术，可以为企业决策者描绘出不同决策方案下可能面临的风险图景。这不仅有助于企业领导层及时识别和评估各种潜在的商业风险，还能为他们提供有力的数据支持，从而制定出更为精准的风险应对策略。

此外，管理会计还在企业内部控制体系的建设中发挥着关键作用。通过参与企业内部控制流程的设计与优化，管理会计能够确保企业的各项战略决策和商业操作都得到有效的执行，同时筑起一道坚实的风险防范屏障。这不仅有助于提升企业的整体运营效率，更能为企业在复杂多变的商业环境中保驾护航，确保其稳健发展。

（四）管理会计还可以为企业提供绩效评估和激励机制

在长期决策的执行阶段，企业必须对每一项决策的实施效果进行持续的跟踪、监控和评估。这一过程至关重要，因为它能帮助企业及时发现并纠正决策执行中的偏差，确保企业始终沿着既定的战略目标前进。而在这个过程中，管理会计发挥着举足轻重的作用。

管理会计可以通过其专业知识和技术手段，为企业量身定制一套科学、合理的绩效评估指标体系。这套体系不仅要能够全面反映企业各项决策的实际执行效果，还要具备足够的灵敏度和准确性，以便及时捕捉到任何可能影响决策效果的变化。通过这样的绩效评估体系，企业可以更加客观、全面地了解各项决策的实际成效，从而为后续的决策调整提供有力的数据支持。

不仅如此，管理会计还可以通过与激励机制的巧妙结合，进一步激发企业员工的积极性和创造力。在明确了绩效评估指标之后，企业可以根据员工的实际表现给予相应的奖励或惩罚，这样不仅可以增强员工的工作满意度和归属感，还能在员工之间形成一种良性的竞争氛围，推动企业整体业绩不断提升。

管理会计在企业长期决策中发挥着不可或缺的作用。它不仅可以为企业提供全面准确的数据支持和决策依据，还可以帮助企业制定科学合理的预算和计划、加强风险管理和内部控制、建立有效的绩效评估和激励机制。因此，企业应该高度重视管理会计的建设和发展，不断提升其在企业长期决策中的支持和服务能力。

第四节　长期投资决策的方法选择与应用

项目投资决策按照时间维度可以分为长期投资决策与短期投资决策，短期投资决策主要对象是流动资产投资，即一年内可以收回的投资；而长期投资决策主要对象是长期有价证券投资、无形资产投资与固定资产投资，即一年内不能收回的投资。长期投资决策有其独特的特点。有效确定长期投资决策可以扩大企业资本规模，强化企业风险识别、应对与防范能力。

一、贴现法及其应用

贴现法是一种评估投资项目的重要方法，它主要包含了三种具体的评估手段：净现值法（NPV）、内含报酬率法（IRR）、获利指数法（PI）。这些方法各具特点，共同构成了贴现法在投资决策中的全面应用。

净现值法是一种通过将项目未来各期的现金流根据一定的贴现系数折现到投资初始时点，然后计算现金流入与流出的差额，即净现值。这种方法在某种程度上类似于管理会计中的本量利分析，都是对收入和支出进行比较。然而，净现值法在此基础上引入了贴现值的计算，使得分析更为精确和全面。

内含报酬率法则是一种基于投资方案自身报酬率的贴现法。它有效地弥补了净现值法仅判断方案可行性、未考虑方案报酬率的不足。内含报酬率实际上是指使得投资方案的净现值为零的那个贴现率。在 IRR 方法下，当内含报酬率高于某个预设的基准报酬率时，该投资方案被认为是最佳的。不过，IRR 的计算相对复杂，需要进行多次插值运算。

值得注意的是，净现值法和内含报酬率法都会涉及到净现值的计算。当净现值大于或等于零时，表明该投资方案是有利可图的，值得考虑接受；反之，则应该拒绝该方案。此外，当现值系数大于 1 时，意味着预期报酬率低于投资所要求的报酬率，现值系数越大，说明该方案的可行性越高。

获利指数法是通过比较初始投资额与方案未来报酬之间的比例关系来评估

投资方案的优劣。当这个比例大于 1 时，表明初始投资额超过了方案未来可能带来的报酬，因此该方案是不盈利的；反之，则说明方案是有盈利机会的。

贴现法的核心价值在于它充分考虑了时间价值因素对投资决策的影响。通过将未来现金流折现到现在时点进行比较分析，使得投资决策过程更加科学、规范和合理。这种方法不仅有助于企业做出明智的投资选择，还能在一定程度上降低投资风险，提高企业的经济效益。

（一）净现值法在长期决策中的应用

1. 投资回收期评估

投资回收期评估是企业进行项目投资决策时不可或缺的一环。除了通过计算净现值来评估项目的经济效益外，净现值法还可用于精确测算投资项目的回收期。回收期，简而言之，就是从项目投资启动到完全收回投资成本所需的时间段。

在运用净现值法评估回收期时，企业需详尽分析项目的净现值，并紧密结合每年的现金流量情况。通过对这些数据的综合考量，企业能够更为准确地确定投资项目的回收周期。这一过程不仅涉及对项目盈利能力的评估，更关乎对项目风险及资金回笼速度的全面把握。

回收期的确定，对于企业而言具有深远的战略意义。它不仅能帮助企业合理规划资金使用，确保资金链的稳健运作，还能为企业决策者提供有力的数据支持，以便在制定和调整经营策略时作出更为明智的选择。通过这种方式，企业在追求经济效益的同时，也能更有效地控制投资风险，实现稳健而可持续的发展。

2. 风险分析

风险分析是项目管理中至关重要的环节，而净现值法则在这一环节中发挥着举足轻重的作用。利用净现值法进行风险分析，企业可以通过两种主要方式——敏感性分析和场景分析，来深入评估不同的风险情境对项目净现值所产生的具体影响。

敏感性分析是一种探究项目净现值对关键因素变化的反应程度的方法。通过这种分析，企业能够清晰地了解哪些因素对项目的经济效益影响最为显著，从而在项目执行过程中对这些因素给予特别的关注和管理。而场景分析则是一种更为全面的风险评估手段。它通过构建不同的可能场景，来模拟项目在各种不同环境下的净现值表现。这种方法能够帮助企业预见并应对可能出现的风险情况，确保项目在各种挑战下都能保持稳健的经济效益。通过这些分析，企业不仅能够更深入地了解项目的风险承受能力，还能在决策过程中充分考虑到各种风险因素。这不仅有助于提高企业的风险管理水平，还能为企业的长远发展奠定坚实的基础。

（二）获利指数法在长期决策中的应用

1．投资项目评估

获利指数法是一种实用的工具，它可以帮助企业在多个潜在的投资项目中进行比较和评估，以确定它们的相对价值。通过精确计算每个项目的获利指数，企业能够清晰地了解到每单位投资所能产生的净现值。这个指数实际上是一个比率，它展示了项目预期收益与投资成本之间的关系。

通常情况下，如果一个项目的获利指数大于1，这意味着该项目预期能够产生的净现值将会超过其投资成本。换句话说，这样的项目不仅能够收回全部投资，还能为企业创造额外的价值。因此，获利指数大于1的项目往往被视为具有吸引力的投资选择，值得企业进一步考虑和投入资源。

通过使用获利指数法，企业可以更加明智地分配其投资资金，选择那些最有可能带来显著回报的项目。这种方法不仅提高了投资决策的准确性和效率，还有助于降低投资风险，从而实现企业的长期盈利目标。

2．资本预算决策

在企业进行资本预算决策时，获利指数法成为一个重要的评估工具，用以判断是否应该进行某项长期投资。与净现值法有异曲同工之妙，获利指数法也着眼于项目的收益与成本的比较。不过，其特殊之处在于，它能够通过一个具体的指数值来量化每单位投资所能带来的收益。这个指数的高低直接反映了项目的吸引力。具体来说，一个较高的获利指数意味着每投入一单位的资本，项目能够产生的收益会更高。这不仅体现了项目的盈利能力，也暗示了投资的风险水平相对较低，因此，这样的项目往往更能吸引企业的目光。

通过使用获利指数法，企业可以在纷繁复杂的投资选项中，快速识别出那些最有可能带来丰厚回报的项目。这不仅提高了决策的效率，也为企业的长期发展注入了更多的活力和潜力。

3. 项目优先级排序

在企业面临众多潜在投资项目需要抉择的情况下，项目优先级的排序显得尤为重要。获利指数法在这一环节中展现出了其实用性。通过详细计算每一个投资项目的获利指数，企业能够客观地评估并确定各项目的相对优先级。这种排序方法的逻辑很简单：获利指数越高的项目，意味着其每单位投资所带来的预期收益也越高，因此这样的项目在资源有限的情况下，理应被给予更高的优先级。通过这种方式，企业可以确保将有限的资源和资金首先投入到那些最有可能带来显著收益的项目中。

利用获利指数法进行项目排序，不仅提高了企业资源分配的效率和合理性，还有助于企业在激烈的市场竞争中保持敏锐和灵活，从而更好地把握投资机会，实现长期盈利目标。

4. 敏感性分析

敏感性分析是评估投资项目对各种变量变化的反应程度的重要手段，而获利指数法在这一分析中也具有其独特的应用价值。企业可以通过调整投资金额或现金流量的假设条件，来观察获利指数在不同情境下的变化情况。具体而言，当投资金额或现金流量发生变动时，获利指数会相应地做出反应，这种反应程度实际上反映了项目对不同因素的敏感程度。通过详细分析这些变化，企业可以更加深入地了解哪些因素对项目的经济效益影响最大，从而制定出更为稳健的投资策略。

利用获利指数法进行敏感性分析，不仅能够帮助企业更好地预测和控制投资风险，还能够为企业提供更为全面的决策支持。因此，在进行项目投资决策时，敏感性分析结合获利指数法的运用，无疑能够为企业带来更为准确和科学的决策依据。

获利指数法提供了一种简单且直观的方法来评估投资项目的收益性，并与投资成本进行比较。它可以帮助企业在长期决策中做出合理的选择，考虑项目的收益、成本和风险因素，以最大化投资回报。然而，获利指数法也有其局限性，例如无法直接比较项目的规模和时间跨度不同的现金流量。因此，在使用获利指数法时，需要结合其他财务指标和定性因素进行综合评估。

二、非贴现法及其应用

非贴现法主要包含平均报酬率法和投资回收期法。平均报酬率法是年现金流入量与原始投资额之比，该比例越高，说明报酬率越高，获利能力越强。实际投资决策时，企业往往会将报酬率与决策期望值相比，若低于期望值则会放弃该方案。投资回收期法是基于收回投资额时间的一种决策方法，它是投资额与年相等现金流入量之比。对长期投资决策方案而言，贴现法是最优选择；对短期投资决策而言，非贴现法是最优选择。

非贴现法在长期决策中有多种应用，其中包括以下三种常见方法：

（一）投资回收期（不考虑货币时间价值）

投资回收期是一个核心的财务指标，它从投资项目启动运营的那一刻开始计算，直到全部的投资成本被收回为止。值得注意的是，这一计算方法主要聚焦于现金流量的数额，而并未将货币的时间价值纳入考量。这种简洁明了的指标为投资者提供了一个便捷的视角，以评估投资项目的成本回收速度及可能的投资回报。

较短的投资回收期对于投资者而言意味着资金能够更为迅速地回笼。这不仅有助于企业在更短的时间内实现盈亏平衡，开始获得净收益，还能显著降低因投资而产生的财务风险。此外，快速的资金回收也为企业提供了更多的流动资金，以便于未来的再投资或其他商业用途。

短投资回收期为企业带来了更大的灵活性和更多的商业机会。一旦资金得到快速回收，企业便可以迅速地将这些资金和资源重新分配到其他有盈利机会的项目中，从而确保企业始终保持在市场的前沿，捕捉到每一个有价值的商机。与此相反，长时间的投资回收期可能会导致企业资金长时间被占用，进而错失其他的投资机会，增加机会成本。

从风险管理的角度来看，短投资回收期也是一个非常有利的策略。由于市场和经济环境总是充满了不确定性，因此投资项目的风险也随之增加。一个较短的投资回收期意味着企业可以更快地结束这种风险暴露，确保项目的稳定性和收益的可靠性，从而为企业创造一个更为安全的投资环境。

（二）平均年金法

平均年金法是一种评估投资项目经济效益的方法，其核心假设是投资项目在特定的投资期限内将产生持续且稳定的现金流量。这种方法将项目每年产生的现金流量看作是等额的年金，进而进行相关的计算和分析。

在应用平均年金法时，我们首先需要明确投资项目的周期及预期的年金数额。随后，我们会采用适当的折现率，对每一年的年金金额进行折现，以求得每一年现金流量的现值。最终，我们将这些现值进行累加，得到的结果即为项目的净现值。当这个净现值呈现为正数时，它意味着项目的净收益已经超出了其投资成本，显示出该项目为投资者创造了实实在在的经济价值。

平均年金法因其直观性和计算的简便性而受到欢迎，它为决策者提供了一个便捷的工具来对比不同项目的潜在经济效益，并为初步的投资决策提供了有力的依据。然而，这种方法也存在其固有的局限性。最明显的是，它假设项目的现金流量是稳定且均匀的，但这一假设在真实世界中往往难以完全满足。另外，平均年金法没有充分考虑到现金流量在时间上的分布差异，以及资金时间价值可能会随着时间和市场环境的变化而发生的波动。因此，在评估那些长期或复杂的投资项目时，这种方法可能会显得不够精确。

鉴于此，决策者在实际操作中，通常会综合采用多种评估方法，如动态指标分析、贴现法和其他的财务指标，以确保能够更全面地了解投资项目的经济效益和投资回报，从而做出更为明智和准确的投资决策。

（三）投资利润率

投资利润率，这一关键性的财务指标，为投资者提供了一种量化评估项目盈利状况和回报前景的方法。具体来说，它通过计算投资项目所带来的净利润与投资总额之间的比率，来展示项目的经济效益。

从盈利能力的维度来看，投资利润率是衡量一个项目赚钱效应的重要指标。当投资利润率处于较高水平时，它意味着每一单位的资金投入能够换取更多的净利润回报。这无疑显示出该项目在经营过程中具有出色的盈利能力，能够为投资者创造更为可观的收益。

在评估项目的回报潜力方面，投资利润率同样发挥着不可或缺的作用。一个高的投资利润率往往意味着项目能够在相对较短的时间内，以更加诱人的回报率实现投资的回收。这不仅彰显了项目本身的巨大利润空间，同时也预示着其未来可能带来的丰厚回报。

在进行多个投资项目之间的横向比较时，投资利润率也成为一个非常实用的工具。通过对比不同项目的投资利润率，投资者可以更加清晰地看到哪一个项目在盈利能力上更胜一筹，从而更具投资吸引力。在做出投资决策时，高投资利润率的项目自然更容易受到投资者的青睐。

第四章 管理会计与预算管理

第一节 企业预算与预算管理体系

一、企业预算的内容

企业预算，作为企业经营活动的蓝图，详细规划了企业在特定时间段内的收入和支出计划。这一计划不仅涉及企业的日常运营，还关乎其长远发展。下面，我们就来深入探讨企业预算所涵盖的各个方面。

企业预算，这份精心策划的经营蓝图，为企业在特定时间段内的财务活动提供了明确的指引。它不仅细致地规划了企业的收入和支出，更深入地反映了企业的战略意图和发展方向。接下来，我们将逐一探究企业预算所包含的每个部分。

销售预算，作为整个预算体系的核心，承载着企业对未来销售收入的期望和预测。企业会结合历史销售数据、市场趋势、竞争对手情况以及自身的市场份额，谨慎而周全地制定出销售目标。这一目标的设定，既要确保具有可实现性，又要具备一定的挑战性，以激励销售团队努力达成甚至超越预期。

生产成本预算，关注的是企业在生产制造过程中所需投入的资源与成本。这包括原材料的采购、生产人员的薪酬、设备的折旧与维护等费用。企业会根据生产计划和生产能力，精确计算出各项成本，以确保生产过程的顺利进行，并力求在成本控制与产品质量之间找到最佳平衡点。

营销费用预算，对于企业的市场推广和品牌建设至关重要。它涉及广告费用的投入、促销活动的策划与执行、销售团队的培训与激励等多个方面。通过合理的营销费用预算，企业能够有效地提升品牌知名度，扩大市场份额，进而实现销售收入的增长。

管理费用预算，则是确保企业日常运营顺畅进行的关键。它涵盖了行政人员的薪酬、办公设备的采购与维护、办公用品的消耗以及办公场地的租金等费用。这些费用的合理规划与管理，不仅能够提高企业的运营效率，还能够为企业创造一个良好的工作环境。

研发费用预算，对于追求技术创新和产品升级的企业来说尤为重要。通过投入研发资金，企业能够不断探索新技术、开发新产品，从而保持其在市场上的竞争优势。研发费用预算的制定，需要充分考虑研发项目的复杂性、风险性以及预期收益等因素。

资本支出预算，关注的是企业在长期资产和设备上的投资计划。这包括购置新设备、扩建工厂、投资房地产等重大项目。这些投资决策需要企业具备前瞻性的战略眼光和充足的资金储备，以确保投资项目的顺利实施并为企业带来长期收益。

财务费用预算，主要涉及企业在融资和贷款过程中所产生的成本。这包括利息支出、手续费等费用。通过合理的财务费用预算，企业能够优化融资结构，降低资金成本，提高企业的盈利能力。

税务预算也是企业预算体系中不可或缺的一部分。企业需要根据国家的税收政策和自身的财务状况，合理预估应纳税款，以确保合规经营并降低税务风险。同时，通过税务筹划和优化，企业还能够在合法合规的前提下降低税负，提高企业的经济效益。

企业预算是一个复杂而精细的财务计划体系，它涉及企业运营的各个方面。通过科学合理地制定和执行预算，企业能够有效地配置资源、控制成本、提高运营效率并实现可持续发展。

二、企业预算管理的特点与功能

（一）预算管理的基本特征

预算管理作为一种重要的管理方法，与其他管理手段相比，展现出了几个独有的特征，这些特征使得预算管理在企业管理体系中占据着举足轻重的地位。

1．预算管理具有权威性

预算管理的权威性，这一特征是其能够有效实施并达到预期效果的关键因素。这种权威性主要来自两个方面，共同构成了预算管理的坚实基石。

全面预算审批机构的权威性对预算管理的权威性起到了至关重要的支撑作用。这些机构往往由企业的高层领导组成，他们在企业内拥有极高的地位和影响力。由于他们的决策具有最终性和不可挑战性，因此全面预算审批机构的权威性自然延伸到了预算管理上。这也意味着，预算管理不仅仅是一个普通的财务流程，而且是得到了企业最高层认可和支持的重要管理手段。这种高层级的权威性，确保了预算管理在执行过程中能够得到各级部门和员工的充分重视和严格遵守。

预算管理的本质属性也赋予了其权威性。预算管理涉及企业资源的分配和使用，这直接关系到企业的运营和发展。资源是企业运营的基础，如何合理、高效地分配和使用这些资源，是预算管理需要解决的核心问题。由于它关乎企业的生死存亡和长远发展，因此预算管理必须具有高度的权威性和严肃性。这种权威性要求企业在制定和执行预算时，必须严格按照既定的规则和程序进行，确保资源的合理分配和有效利用。同时，对于违反预算管理规定的行为，企业必须采取相应的惩罚措施，以维护预算管理的权威性和有效性。

预算管理的权威性来源于全面预算审批机构的权威性和预算管理的本质属性。这种权威性确保了预算管理在执行过程中的严肃性和有效性，为企业的稳定运营和持续发展提供了有力保障。同时，它也要求企业在实施预算管理时，必须注重制度建设和执行力度，确保预算管理的各项规定能够落到实处，真正发挥出其应有的作用。

2．预算管理具有适应性

预算管理的适应性是其核心优势之一，它使得企业能够在多变的环境中保持稳健的运营态势。这种适应性具体表现在两个方面：对外部环境的适应和对内部环境的适应。

于企业外部环境，预算管理展现了出色的应变能力。企业外部环境，包括市场环境、政策环境、经济形势等，都是动态变化的。例如，市场需求可能会突然增长或下降，政策调整可能带来新的机遇或挑战，全球或区域经济形势的变化也可能影响企业的业务前景。面对这些变化，预算管理不是一成不变的，而是能够灵活地进行调整。例如，当市场环境发生变化时，预算管理可以重新评估销售目标和成本结构，以确保利润目标的达成。当政策环境发生变动时，预算管理可以迅速调整资金策略，以应对可能的税务变化或政府补贴的调整。

预算管理也充分考虑了企业内部环境的特殊性。每个企业都有其独特的组织结构、文化、人员配置和业务模式。预算管理在制定过程中，会深入了解企业的这些特点，以确保预算方案与企业的实际情况相匹配。例如，对于一家以研发为主的高新技术企业，预算管理可能会加大研发费用的预算，以支持其技术创新。而对于一家以销售为主的企业，预算管理则可能更加关注销售和市场推广的费用预算。此外，预算管理还会根据企业的内部流程和管理模式进行调整，以确保预算的执行效率和效果。

预算管理的这种适应性是其能够在各种环境下发挥出最大效用的关键。它不仅能够及时应对外部环境的变化，还能够充分考虑企业内部环境的特殊性，从而制定出既符合企业实际情况又具有前瞻性的预算方案。这种适应性使得预算管理成为企业管理中不可或缺的一部分，为企业的稳健运营和持续发展提供有力的支持。

3. 预算管理具有全面性

预算管理的全面性是其最为显著的特点之一，它涵盖了企业生产经营的各个层面和细节，从而为企业构建了一个完整、多维度的财务规划体系。这种全面性不仅体现在预算内容上，还体现在预算的视角和维度上。

从内容角度来看，全面预算管理触及了企业生产经营的方方面面。无论是企业的主营业务收入、其他业务收入，还是各种直接成本、间接成本，都被纳入预算管理的范畴。同时，预算管理还关注企业的利润总额、净利润等关键财务指标，以及资金流动、资本支出等重要财务活动。这样，预算管理就能为企业提供一幅详尽的财务全景图，帮助企业全面了解自身的财务状况和经营绩效。

更重要的是，预算管理不仅聚焦于企业的短期财务状况，更着眼于企业的长远发展。在制定预算时，企业会结合自身的战略目标、市场趋势、技术进步等因素，对未来的发展进行合理预测和规划。这种长期视角使得预算管理能够引导企业朝着既定的战略目标前进，实现可持续的发展。

预算管理的全面性还体现在其对企业内部各个部门、各个业务环节的全面覆盖。无论是生产部门、销售部门，还是研发部门、行政部门，都需要参与到预算的制定和执行过程中。这样，预算管理就能够将各个部门的目标和行动统一到企业的整体战略目标上来，形成强大的协同效应。

预算管理的全面性使得预算管理成为企业决策的重要支持工具，帮助企业做出更加明智、科学的决策。通过实施全面预算管理，企业可以更加清晰地了解自身的财务状况和经营绩效，从而制定出更加合理、有效的战略规划和经营策略。

4. 预算管理具有机制性

预算管理的机制性是其长期有效运行的关键保障，也是全面预算管理能够持续为企业带来价值的重要原因。通过建立一套完善的运行机制，预算管理将企业生产经营活动的决策管理过程变得机制化、模式化、规范化，从而确保了管理的连贯性和稳定性。

预算管理的机制性体现在其决策管理过程的机制化上。全面预算管理通过建立明确的决策流程和规则，使得企业在进行生产经营活动决策时能够有章可循，减少了决策的随意性和主观性。这种机制化的决策过程，不仅提高了决策的效率，还降低了决策失误的风险。

预算管理的模式化也是其机制性的重要体现。通过总结和提炼企业生产经营活动中的规律和经验，预算管理形成了一套可复制、可推广的管理模式。这种模式化的管理方式，使得企业能够在不同的业务场景和环境下，快速找到适合自己的管理路径和方法，提高了管理的灵活性和适应性。

预算管理的规范化也进一步强化了其机制性。全面预算管理通过制定统一的标准和规则，对企业生产经营活动的各个环节进行规范，确保了管理的公平性和一致性。这种规范化的管理方式，不仅提升了企业的管理水平，还有助于企业建立良好的内部控制体系，防范和化解各种风险。

预算管理的机制性确保了其能够在企业中得到持续、稳定地实施，从而发挥出应有的效果。这种机制性使得全面预算管理成为企业长期性、制度化的管理方式，为企业的稳健运营和持续发展提供了有力的制度保障。通过机制化、模式化、规范化的预算管理，企业可以更加高效地配置和使用资源，实现经济效益和社会效益的最大化。

预算管理的权威性、适应性、全面性和机制性共同构成了其独特的管理优势，使得它在企业管理中发挥着不可替代的作用。通过实施全面预算管理，企业可以更加科学、合理地分配和使用资源，提高企业的运营效率和经济效益，为企业的长远发展奠定坚实的基础。

（二）预算管理的主要功能

高效的预算管理能提高企业内部管理水平，使资金在利用的过程中更加灵活、科学，可在加强资金周转的基础上，保证企业的可持续发展，可见预算在企业管理中起着重要的作用，这些都离不开预算管理功能的充分释放。预算管理的功能如下：

1. 规划未来

战略在组织运营中占据着举足轻重的地位，被视为组织必备的行为特性。公司的高层管理团队肩负着引领正确战略方向的重任，他们必须果断而有力地推动战略发展，以确保组织的生存能力和长期成长。年度预算不仅仅是一份财务计划，更是对组织中长期战略目标和愿景的具体化、细致化和量化表现。

为了实现这些战略目标，战略地图被用作一种有效的工具，将宏大的战略分解为一系列可衡量的绩效指标。这些绩效指标随后被进一步细化为预算，从而构成了一个自上而下的预算编制流程。这一过程具体体现在两个方面：其一，管理人员根据各种可能的行动方案预测出的结果，会被系统地、详尽地反映在企业预算的精细框架内；其二，那些在企业运营环境中可能发生、与企业紧密相关但又无法被企业完全掌控的因素，会通过货币化的形式在预算中得到体现。

预算的规划作用表现得既广泛又灵活，可以根据实际情况采取非正式或是高度正式化的规划方法。这种灵活性使得预算能够更好地适应组织的多样性和复杂性，同时也为管理人员提供了更多的策略和选择空间。通过这种方式，预算不仅成为一种管理工具，更是组织实现其战略目标的关键桥梁。

2. 沟通与协调

实施全面预算管理不仅是企业管理的一种策略，更是提升企业内部协作与沟通的重要手段。通过全面预算管理，企业的高层管理者能够全面审视企业运营的各个环节，深入理解各部门间的相互联系与依赖关系，从而更明确地界定各部门的职责与权限。这种管理方式有助于减少因责任模糊而导致的部门间推诿现象，促进各部门的协调合作。

预算管理在沟通协调方面发挥了显著作用。首先，它作为一种激励机制，使得高层管理者能够清晰地传达企业的发展战略和经营计划。通过预算的制定与实施，高层管理者不仅减少了部门间的信息不对称和隔阂，还将预算作为内部沟通的有效工具。其次，预算也成为上级与下属之间交流意见、达成共识的桥梁。在预算编制过程中，各级员工可以充分表达自己的观点和建议，增强企业内部的民主氛围和参与感。

此外，预算管理还通过详细列出各部门的工作任务和跨部门活动，有效地协调了各业务部门的行动。这种协调作用确保了企业各部门在追求共同目标过程中的一致性和协同性。同时，预算管理还能将企业的战略目标、市场机遇和业务计划准确地传达给各个部门，使每个部门都能明确自己的职责和目标，从而更好地为企业的整体发展贡献力量。

3. 强化控制

全面预算管理的控制作用渗透到企业运营、投资和财务管理的每一个细节。预算编制是预防性的管理措施，为企业活动描绘出明确的蓝图；预算执行则是实时的监管过程，确保各项活动严格按计划进行；而预算的分析与考评，则是对前期工作的反思与总结，为未来的改进提供方向。

制定预算目标，不仅为企业管理、绩效评估和信息反馈设定了明确的基准，更为企业的日常运营提供了一个实用的参考和指导框架。这个框架不仅指导企业如何开展业务，还为管理和控制活动提供了明确的衡量标准，并据此进行相应的权限分配。

预算的核心功能之一，是通过对比预定计划和实际绩效，使管理层能够实时监控业务的进展情况。这种对比能够及时揭示出执行过程中的任何偏差，并准确评估其影响程度。我们通常称这种对比报告为绩效报告。这种绩效的衡量与对比不仅限于公司的顶层，更是深入到企业的各个层面和每一个责任中心。这一过程主要是通过对比实际结果与预算或预测目标之间的差异来实现的，从而确保企业运营的每一个环节都得到了有效的管理和控制。

4.资源配置

经过预算委员会或公司高层领导审批的预算，能明确地勾勒出每位经理的职责边界以及每个部门所承担的工作任务。这份预算详尽地列出了各个部门为完成其工作任务所需要的人力资源和财务资源。因此，预算不仅仅是一份财务计划，它更是一个资源优化配置的工具。通过预算，企业可以更加科学、合理地分配和调整各个部门在运营过程中所需的资源，无论是人力资源还是财务资源。这样，预算在协调企业各部门之间资源分配方面起到了至关重要的作用，确保资源能够流向最能产生效益的部门和项目，从而提升企业的整体运营效率。

第二节　构建全面预算管理体系

一、企业全面预算的编制

（一）企业全面预算编制的方法

1. 增量预算法与零基预算法

预算编制的方法，根据其编制基础的不同，可以分为两种主要方法：增量预算法和零基预算法。

（1）增量预算法，也被称为调整预算法，它以过去的预算水平作为出发点，再根据当前预算期间的相关业务变化和影响因素进行调整，从而得出新的预算数额。但这种方法存在一个明显的问题，那就是它往往会默认接受之前的成本项目，而不进行深入的审查。这样一来，原本不合理的费用可能会被继续保留，无法得到有效控制，进一步造成资源的浪费。再者，当业务环境发生变化时，过去的预算数据可能会产生误导，使得新的预算数额不够准确，这会影响各部门实现预算目标的积极性。

（2）零基预算法，该法则是一个完全不同的预算编制理念。它强调"从零开始"，在编制预算时，完全不考虑过去的费用情况，只根据当前预算期间的实际需求和可能性来评估各项费用的合理性。这种方法的核心思想是摆脱过去的束缚，根据现实情况重新思考和规划预算。其明显的优势在于能够摆脱过去的费用结构和水平的限制，从而激发各部门降低成本的积极性。但这种方法也存在明显的缺点，那就是编制过程相对复杂且耗时，而且资源分配很容易受到决策者主观判断的影响。

2. 固定预算法与弹性预算法

预算编制的方法还可以根据预算编制所依据的预算业务量是否可变，进一步划分为固定预算法与弹性预算法。

（1）固定预算法，也被称作静态预算法，其核心在于选择一个预算期内正常且可实现的业务量水平（例如销售量或生产量）作为预算编制的唯一基准。这种方法构成了预算编制的基石，依据此法编制出的预算即为固定预算。固定预算法的显著特征是在整个预算期间内，不论业务量如何变化，预算始终基于一个固定的业务量来制定。预算执行结束后，通过对比实际结果与这个固定预算，我们可以对业绩进行有效的评估。然而，这种方法的局限性在于其较差的适应性和可比性。它更适用于那些经营稳定、产销量可预测，且能准确估算产品需求和成本的企业。此外，它也被广泛应用于固定费用的预算编制。

（2）弹性预算法，又被称为动态预算法或变动预算法，其基础是对成本（费用）习性的深入理解和分类。考虑到预算期内业务量可能出现的各种变化，该方法依据量、本、利之间的内在联系，构建出一套能应对多种业务量情况的预算体系。从理论角度看，弹性预算法能广泛应用于与业务量相关的各类预算编制。但在实际操作中，它更多地被用于编制如弹性成本费用预算和弹性利润预算等。弹性预算的优势在于它能反映出预算期内，在一定范围内可预见的多种业务量水平下对应的不同预算额度，这不仅增强了预算的广泛适用性，还为预算指标的灵活调整提供了便利。

3. 定期预算法与滚动预算法

预算编制的方法还可以根据预算编制的时间框架是否固定进行分类，主要分为定期预算法和滚动预算法。

（1）定期预算法，主要是基于固定的会计期间，如年度、季度或月份来编制预算。实际上，定期预算法并不是一种独立的预算编制技巧，而是指在一个固定时间段内运用其他预算编制方法（如固定预算法、弹性预算法、增量预算法和零基预算法）来制定预算。使用这种方法编制的预算被称为定期预算。定期预算法的优点在于它能确保预算期间与会计期间在时间上的匹配，从而方便地将会计报告数据与预算进行对比，以评估预算的执行情况。然而，这种方法的一个显著缺点是它不利于不同预算期间之间的衔接，尤其对于那些需要连续预算管理的业务活动来说，可能会存在一些问题。

（2）滚动预算法，也被称为连续预算法或永续预算法，其特点是在编制预算时，预算期间并不受限于会计年度。这种方法是基于上一个预算周期的完成情况，不断地对后续预算进行补充和延伸，从而使预算期间在时间轴上连续滚动。利用滚动预算法制定的预算被称为滚动预算。

滚动预算法的优势在于它能让预算随时间不断更新和调整，从而更好地反映企业的实际运营情况和市场环境的变化。这种方法不仅考虑了企业的短期目标，还结合了其长期规划，使得预算更加灵活和贴近实际。通过这种方式，滚动预算法能更有效地发挥预算在指导企业运营和控制成本方面的作用。

（二）企业全面预算编制的准备

全面预算编制作为一项复杂的系统工程，只有将准备工作做好了，预算的编制才能得心应手，事半功倍。

1. 企业全面预算编制的期间与时间

企业在进行全面预算编制时，所选的预算编制期间并非随意而定，而是根据具体的预算内容和企业的实际需求来选择的。这样的期间可以是一个月、一个季度或是一整年。在多数情况下，企业会倾向于选择一个年度作为预算的基准周期，然后在这一年内，再进一步按照季度或月份进行细分。值得注意的是，为了确保财务数据的连贯性和可比性，预算期间通常与会计期间保持一致。

何时开始编制预算呢？这主要受到以下几个因素的影响。

（1）企业的规模、组织结构以及产品线的复杂性。大型企业或产品线丰富的企业可能需要更早地开始预算编制，以确保各个环节都能得到充分的考虑和规划。

（2）企业采用的预算编制方法和工具。不同的方法和工具有不同的实施周期和要求，这也会影响到预算编制的开始时间。

（3）企业预算管理的深入程度和广度。如果企业对预算管理有更高的要求，那么预算编制的工作也可能会提前开始。

（4）预算审批流程的复杂性。审批流程越长、越复杂，预算编制所需的时间也就越多，因此也需要提前开始。

编制预算的时间选择非常关键。过早开始可能会导致数据的不准确，因为很多未来的情况还无法完全预测；而过晚开始则可能会影响到预算的实际执行，因为各部门可能没有足够的时间来准备和调整。通常，对于独立法人企业来说，最佳的做法是在上一年的 10 月到 11 月之间开始编制下一年的预算。而对于集团企业，由于其规模和复杂性的增加，预算编制的工作可能需要更早开始，通常在上一年的 9 月到 10 月之间就应该着手进行。

2. 企业全面预算表格的编制设计

在编制全面预算时，精心设计的各种表格至关重要。这些表格不仅帮助我们组织和展示数据，还确保了预算的准确性和清晰度。以下是对不同类型的预算表格设计的深入探讨。

（1）主表的设计思路。主表作为预算的核心概览，其设计原则应注重直观性和简洁性。虽然主表的呈现方式多种多样，但关键信息主要聚焦于三个方面：明确的预算项目、总体的预算额度和详细的细化指标。这样的设计使得决策者能够迅速把握预算的大局，对资金分配有一个整体的了解。

（2）分表的设计细节。分表是对主表的进一步深化和阐释。它不仅与主表内容相呼应，还为其提供了更为详尽的数据和分析。分表的设计同样需要包含预算项目、总体预算及各项细化指标，但其更为注重细节的展现。通过这样的设计，我们可以更深入地了解每一个预算项目的具体情况，为决策提供更为精准的数据支持。

（3）计算表的设计考量。计算表在预算过程中扮演着至关重要的角色，它涉及众多预算指标的具体计算过程。设计计算表时，预算人员需根据各指标的特点和相应的计算公式来定制。其核心内容应涵盖预算项目、基础数据输入、清晰的计算逻辑关系和最终的指标数据输出。这样的设计确保了预算计算的透明性和准确性。

（4）基础表的设计灵活性。基础表是构建主表、分表和计算表的数据基石。它提供了关键的基础数据和编制依据，这些数据可能以数字或文字的形式呈现。因此，在设计基础表时，预算人员需要具备高度的灵活性，根据数据的性质和表现形式来定制表格。这样的设计确保了基础数据的完整性和可用性，为整个预算过程提供了坚实的基础。

二、企业全面预算的执行

（一）企业全面预算执行的条件

企业全面预算的规划与编制必定投入相当庞大的人力与时间，但毕竟属于书面作业，如不能付诸实践，仍属徒劳无功，必将前功尽弃。因此，企业预算编制好后，在执行过程中必须要营造一个有利于预算执行的良好环境，以使企业自上而下都能按照统一的行为规则开展预算活动，这个良好环境就是预算执行的前提条件。

1. 预算执行的基础：提高预算的准确性

预算编制与预算执行之间存在着紧密的联系，二者相互依赖，共同构成了预算管理体系的两大支柱。预算编制为预算执行奠定了坚实的基础，提供了明确的指导和方向；而预算执行则以精心编制的预算作为出发点和落脚点，确保其得以有效实施。

一个完善且周密的预算编制是预算执行不可或缺的先决条件。倘若所编制的预算与实际运营情况大相径庭，那么这样的预算将难以付诸实践，更无法发挥其应有的效用。因此，对于预算编制的准确性要求显得尤为关键。我们必须让预算编制者深刻理解，编制预算并非一项孤立的任务，而是为了更好地执行预算，实现企业的战略目标。一个脱离实际、无法执行的预算，无异于一张形同虚设的纸张，对企业的运营和发展毫无助益。

为了确保预算的顺利执行，并充分发挥其在企业管理中的重要作用，我们必须从态度上端正对预算编制的认识，严格遵守预算编制的规范和流程，不断提升预算编制的精确度和实用性。只有这样，我们才能确保预算与企业的实际情况紧密相连，为企业的稳健发展提供有力的支持。

2．预算执行的保障：树立预算的权威性

即便预算编制得再精妙绝伦，若无法得到有效的执行，也只是纸上谈兵，无法发挥其真正的价值。为了确保预算的严格实施，树立其权威性至关重要。一旦企业的预算经过正式审批，它便具有了企业内部的"法定"地位，并会分发至各个执行部门。这意味着，预算在企业内部就如同法规一般，具有强制性的约束力。

领导在审批各项生产经营活动时，首要考虑的是该活动是否在预算范围内；员工在开展工作时，也必须确保自己的行为符合预算的规定；而财务部门在审核费用报销时，更要严格把关，确保没有超出预算的限制。简而言之，从公司的高层领导到基层员工，每一个人都必须恪守预算的规定，绝不能有任何违背。唯有如此，预算的执行才能得到真正的保障，预算的权威性也才能得以体现。这样，企业才能确保每一分资金都得到有效利用，从而实现更为稳健和长远的发展。

3．预算执行的关键：健全预算执行机制

（1）构建预算执行的组织架构。企业在推行全面预算管理时，首要的环节是设计一个健全的预算组织系统。这个系统应反映出企业内部各层级间的权力平衡，使得决策、组织、执行及控制等部门在预算管理流程中能够各司其职。鉴于各项具体预算是依据企业内各部门的职能范围来编制的，本质上属于责任预算，因此，企业必须相应地建立起完备的责任中心，确保这些中心既有能力掌控所分配的预算指标，又愿意承担相应的完成责任。为此，根据企业的组织结构来适当划分责任中心，并建立起与预算责任分配相匹配的组织架构，这是确保预算执行顺畅的组织基石。

（2）确立预算执行的会计核算体系。为了及时、准确地展现企业各责任中心的预算执行进度和成果，我们需要一个比传统财务会计更为精细的核算体系。因为传统的财务会计主要关注资金流动，难以充分满足对预算责任进行精细核算的需求。责任会计通过对各个责任中心进行详细的责任核算，不仅能够精确掌握各责任中心的预算执行状况及成果，还有助于企业管理层及时发现预算执行中的偏差，并进行分析和纠正，从而确保预算目标的实现。因此，在实施全面预算管理时，必须建立起责任会计核算体系，针对每个预算责任部门进行专门的会计核算，以便准确反映各预算责任部门的预算执行过程和结果。

（3）建立预算执行的监督机制。预算的有效执行与严格的监督是密不可分的，强有力的监督是保障预算执行效果的关键。由于预算执行是一个持续变化的过程，其中充满了不确定性。为了确保预算能够得到切实有效的执行，就必须对各责任中心的预算执行情况进行严密的监控，并及时调整执行过程中出现的偏差。因此，企业只有建立起完善的预算执行监督机制，才能确保预算的顺利实施。这一机制应包括预算信息的监控、预算调整的监控及预算审计的监控等多个方面。

（4）确立预算执行的考核与奖惩体系。如果缺乏对预算执行过程和结果的考核与奖惩措施，那么预算执行就可能变得形同虚设。企业在推行全面预算管理时，应秉持"以人为本"的管理理念，建立起切实有效的考核与奖惩体系，以全面提升预算工作的效率和质量。制定一个科学、合理的考核与奖惩体系是确保企业预算管理系统能够长期、有效运行的重要基础。一个明确的考核与奖惩体系能够让预算执行者在预算开始执行之前就清楚地认识到自己的工作业绩与奖惩之间的紧密联系，从而使个人的目标与企业预算的整体目标紧密结合在一起。这样一来，预算执行者就会自觉地调整并约束自己的行为，更加努力地工作，提高工作效率，以全面完成企业的预算指标。

（二）企业全面预算执行前的准备

企业在完成预算编制之后，就进入预算执行阶段。预算执行得好坏是预算目标实现与否的关键，为了保证所编制的预算能够顺利执行，企业需要在预算执行之前进行如下准备工作：

1. 预算目标的分解

年度预算在通过严格的审查和批准之后，为了能在实际的生产和经营活动中更加顺畅和高效地执行，通常需要对其进行详细的分解。这种分解至少涵盖以下两大层面：

时间层面的分解。企业需要将宏大的年度预算目标细化到更小的时间单元。例如，不仅将其分解为季度或月度目标，对于有条件的企业，甚至可以进一步细化到每旬或更短的时间段。这样的时间分解有助于企业在不同的时间段都有明确的预算指导，使得预算控制更为精准和灵活。

内容层面的分解。这意味着企业应根据预算所涉及的各种内容和领域，将年度总预算分配给不同的责任部门或人员。通过这样的分解，每个部门或人员都能明确自己的预算责任和范围，从而更好地进行预算管理和执行。

预算目标经过这样的双重分解后，企业在日常的生产和经营过程中，便能随时根据实际执行情况与预算标准进行对比和分析。这不仅有助于企业及时发现实际执行与预算之间的差异，更能帮助企业迅速定位问题，并采取有效措施进行解决。这样的预算管理方式，无疑将大大提高企业的运营效率和预算管理水平。

2. 预算任务的下达

当预算经过细致的分解后，接下来的关键步骤便是将这些细化的预算任务下达到各个业务部门。在企业中，完整的总体预算通常仅限于高层管理人员以及获得高层特别授权的人员查阅。这样做既确保了预算信息的保密性，又使得关键决策者能够全面掌握企业的财务规划。然而，对于各部门负责人和中层管理者，他们所接收的预算信息则更为专注和具体。虽然他们无须了解整体预算的每一个细节，但与其职责紧密相关的预算内容则必须确保传达到位。以负责固定资产管理的主管为例，他们并不需要接收整份企业预算，但涉及固定资产采购、折旧及更新改造等方面的预算计划，对他们而言则是必不可少的。

为了确保预算传达的准确性和可追溯性，企业通常会对各预算部分进行连续编号，并详细记录每份预算的分发对象及其对应的编号。这种做法不仅有助于后续的跟踪和管理，还能在必要时提供有力的审计依据。

3. 预算执行的动员与讲解

预算执行的成败，很大程度上取决于员工对预算编制的基础和原理的理解程度，以及他们是否清晰认识到自己在预算执行过程中的角色与任务。虽然预算编制过程中鼓励所有员工的参与，但核心环节往往由管理层和专家负责，普通员工对预算的整体框架和深层含义可能了解不够深入。因此，对预算的启动说明和详细阐释显得尤为重要。

在预算详细分解并下达到各个部门之后，有必要以部门为单元组织预算解读会。在这些会议上，不仅要详细解读企业的整体预算规划，还要重点强调每个部门在预算执行中的具体职责和任务，确保每位员工都能准确地理解自己的工作内容和目标。通过这样的方式，可以大大提升员工对预算执行的投入度和责任感，从而保障预算的顺利执行。

三、企业全面预算的控制

（一）企业全面预算控制的主体

企业预算控制的主体涉及多个层级，这些层级在预算控制过程中各自扮演着重要的角色，并共同构成了一个完整的预算控制系统。以下是对这些控制主体的深入分析和扩写。

1. 基层员工

基层员工是企业运营的基础，他们直接参与企业的日常业务活动。作为预算控制的第一线，员工的行为和决策直接影响到预算的执行情况。员工的归属感、忠诚度、职业道德及对控制的意识和技能，都是确保预算控制有效的关键因素。为了加强这一层级的控制，企业需要建立明确的员工控制责任机制，使员工明确自己的责任和义务，从而更好地执行预算控制。

2. 责任中心

责任中心是企业内部分工和协作的基本单位，它们承担着实现企业预算目标的重要任务。成本中心、利润中心和投资中心是责任中心的三种主要形式，分别负责不同类型的预算控制任务。成本中心主要关注成本控制，利润中心则注重收入和支出的平衡以实现利润最大化，而投资中心则负责管理和优化企业的投资组合。这些责任中心通过实施各种控制手段，如定期报告、差异分析和纠正措施等，来确保各自责任目标的实现。

3．财务部门

财务部门在预算控制中扮演着核心角色。作为预算控制和预算信息处理的中心，财务部门负责构建预算控制的关键点体系，确保预算执行过程中的关键环节得到有效监控。同时，财务部门还需要建立信息快速沟通机制，以便及时收集、整理和分析预算执行数据，为管理决策提供支持。通过这些措施，财务部门能够确保预算责任得到切实执行，从而维护企业的财务稳健。

4．出资者

在现代企业中，出资者虽然不直接参与企业的日常经营管理，但他们仍然是企业预算控制的重要主体之一。出资者通过委托代理关系将资产交给经营者进行经营，并保留对企业的最终控制权。在预算控制方面，出资者主要关注企业的长期发展和价值最大化。他们会对企业的预算目标、策略和执行情况进行监督和评估，以确保企业的经营活动符合其利益诉求。因此，在构建预算控制系统时，必须充分考虑出资者的需求和期望。

企业预算控制的主体是一个多层次、多元化的系统，包括基层员工、责任中心、财务部门和出资者等各个层级。这些层级在预算控制过程中各司其职、相互配合，共同确保企业预算的有效执行和目标的实现。

（二）企业全面预算控制的内容

企业全面预算控制的内容就是预算编制产生的各级各类预算，即业务预算、资本支出预算和财务预算。控制的具体内容包括：①预算是否落实，各部门是否采取了相应的落实措施，责任预算与总预算是否协调，是否有擅自改变预算的行为；②预算执行是否全面，全面核查责任单位的各项经济活动，判断是否全面完成预算任务；③预算执行是否均衡，企业各部门应合理安排采购、生产和销售的进度，均衡地完成预算各项要求，按月分析预算执行实绩与平均完成程度的偏离系数，判断各部门执行预算的均衡情况。

1．业务预算控制

（1）销售预算控制

销售预算控制的目的是保证责任单位全面完成甚至超额完成销售预算目标，所以控制目标应该集中于销售价格和销售量，监督二者在预算期间的变化。

销售预算控制的要点有：①在时间周期上对销售预算应控制到最小的预算周期，监控人员应关注每一个最小预算期间的预算执行情况；②将销售预算涉及的地区划分为若干部分，每部分由专人负责，如分区销售经理；③建立销售预算完成计划时间进度表，随时检验预算完成情况；④建立有效的预算评估程序，对每一阶段预算执行情况进行评价。

对于销售预算执行好的应及时激励，无论是精神激励还是物质激励都是必需和必要的；对于销售预算执行差的应及时鞭策，给予必要的警告和处罚。从不少企业的实际操作经验来看，定期进行销售预算执行情况公示对于激励先进和鞭策落后都是很好的方法，而且成本很低，能起到事半功倍的效果。另外，在销售预算中还涉及产品期初、期末的存货。销售量的波动由于各种环境因素的影响会比较频繁，为了生产的稳定，对存货的预算也应该进行控制，使存货数量处在最低安全存量和最高存量之间。

（2）生产预算控制

第一，产量预算控制。产量预算控制会受到销售预算和存货预算控制结果的影响，一般来说，产量预算控制的指导原则应包括：①决定每项或每类产品的标准存货周转率；②利用每项或每类产品的标准存货周转率和销售预测值来决定存货数量的增减；③预算期内的生产数量等于销售预算加减存货增减的数量；4依据产量预算，与有关部门协商后，就可发出制造指令，进行实际的生产活动，并对生产进度与数量加以控制。总之，产量预算控制必须符合管理控制的政策，使生产稳定，并将存货数量保持在安全存量以上和管理决策所决定的最高存量以下。

第二，直接材料预算控制。直接材料预算控制的基本目的有两个：①对于直接材料存货的，通过预算控制使相关人员能够在最适当的时候发出订单，以适当的价格和质量获得适当数量的直接材料；②对于直接材料消耗的，通过控制使材料消耗符合预算标准，将损失控制在确定范围之内。

有效的直接材料存货控制必须做到：①及时供应生产所需的材料，保证生产的连续性；②在供应短缺时（季节性等因素造成），设法提供充足的材料；③以最少的处理时间和成本储存材料，并避免火灾等意外情况以及减少自然消耗；④系统地报告材料状况，使过期、过剩、陈旧的材料项目降到最低程度；⑤对于生产过程中残废料的发生，也要加强控制。这些要求可以通过定期汇报、定期检查、限定材料存货最低、最高量等手段来实现。

第三，直接人工预算控制。直接人工预算控制的有效性取决于各级主管人员的持续监督和观察，以及主管人员与员工的接触。直接人工预算中最重要的环节是单位产品人工工时标准的确定，因为单位工时人工工资的标准已经在年度工资方案中确定了，变动的可能性很小。另外，工作流程的规划以及物料、设备等的布置安排也会对直接人工总成本产生影响，必须加以注意。

第四，制造费用预算控制。对制造费用的控制分为两部分：一部分是跟产量有关的费用，即变动性制造费用，比如机、物、料的消耗，维修费等，对这部分的控制主要还是靠定额进行控制，可以参照直接材料和直接人工的预算控制；另一部分是固定性的制造费用，比如分摊的折旧费，由负责计算分摊这些费用的部门实施控制，主要是从额度上控制费用总额和分配给相应受益部门的份额，接受这些间接费用的部门则无须承担控制责任。

（3）材料采购预算控制

材料采购预算应从单价、数量和质量三个方面控制。采购单价应控制在预算范围之内，若超过控制的幅度必须作为例外管理事项上报，单独审批；采购的数量则可以根据弹性预算的变动来控制；采购的质量是采购预算控制的底线，实际控制中若出现不符合质量要求的采购项目则不允许验收入库和支付相应款项。

（4）费用预算控制

对于费用应首先将其划分为固定费用与变动费用，固定费用预算控制的时候以总额控制为主，实行封顶控制，即不得超支，对于变动费用预算则按与业务量挂钩比例来进行控制，业务量增加相应的费用增加，业务量下降则相应的费用下降。

2．财务预算控制

财务预算控制的对象是现金预算。通过对前面各项预算的控制，预计利润表和预计资产负债表已经得到了较好的保证，但还需要对现金进行专门的管理控制。良好的现金控制制度是非常重要的，因为现金的多余和不足，特别是现金不足给企业带来的潜在影响是很难估计的。

实际现金收支与预算收支的差异是一定存在的，发生差异的原因可能有现金影响因素的变化、突然及意想不到的情况对生产经营的影响、现金控制不力等。管理层为了缩小差异，避免出现现金不足，可以采取一定措施：①加大应收账款的催收力度；②减少付现费用；③延迟资本支出；④推迟待付的款项；⑤在不影响生产经营的基础上减少存货数量。

具体来说，现金控制的方法有两种：①对现金及未来可能的现金状况作出适当和持续的评价，这个方法涉及定期（每月）评估及报告所发生的实际现金流动情况，同时对下一期可能发生的现金流量进行预测；②保存每日（或更长时间间隔）的现金情况资料，为减少利息成本，确保充足的现金，有条件的企业可以对现有现金状况进行每日评估，这种方法特别适用于现金需求波动幅度较大，以及分支机构分散而有庞大现金流的企业。实际上，有不少企业都编制"现金收支日报表"，以方便控制现金量。

3．资本支出预算控制

对资本支出进行预算时，企业不能仅仅考虑压制支出，还应该考虑战略成本，如技术开发的成本、开发市场的成本、扩大生产的成本、提高质量的成本等。这些成本着重为企业的长远利益而非短期利益，技术研发可以使企业获得技术上的领先地位，开发市场可以使企业扩大市场占有率，扩大生产可以使企业生产能力提高而获得规模效益，提高质量可使企业争创名牌。因此，资本支出预算控制应根据实际情况的变化，随时调整支出项目与支出额，使资产的取得、维护、升值等能够顺利进行。一旦发生无法预计和解决的问题，应依据谨慎性原则，及时停止资本支出项目以最大限度地减少损失。

资本支出预算的控制分为三个阶段：第一阶段是正式授权进行特定资本项目的计划，主要的资本支出计划需要最高管理层批准，批准的形式可以是正式或非正式的通知，相应地，对重要程度递减的资本支出计划，由相应级别的管理部门授权即可；第二阶段是资本支出项目进行中的支出控制，一旦资本支出项目经过批准并开始实施，应立即设立专门档案记录发生的成本、费用支出，并根据责任范围编制工作进度作为补充资料，每个资本支出项目的进展情况报告都应该每隔一段时间呈报给相应的管理机构，重要的资本项目则需要将报告呈送企业最高管理层审核；第三阶段是资本项目完成后的记录归档，项目完成后，相关的档案资料也记录完毕，实际情况、预算情况以及两者的对比、分析和解决措施、项目的验收和试运行情况等都一一包括在内，这些档案资料经相应管理机构核准后可以归档。

经过以上阶段，对资本支出预算的控制已经基本完成，但如果是重大的资本支出项目，还应遵循重要性原则进行跟踪观察和定期研究，以确定该项目是否产生当初预期的结果。这样的考察是十分必要的，可以对原分析的适当性提供良好的测验，还可以为将来的经营决策提供有价值的参考资料。

第三节　大数据与企业全面预算管理的优化

一、大数据背景下企业全面预算管理的重要意义

现如今，随着我国市场经济与国民经济的蓬勃发展，各行各业的运营发展水平均得到了显著提升。同时，全面预算管理在现代化企业财务管理中的运用价值日渐凸显，不仅能够增加企业的综合运营效益，还对于优化企业各类要素资源配置、促进企业长远稳健发展起到不容忽视的关键性作用。在传统的全面预算管理的执行与发展过程中，部分企业不重视大数据技术的发展与应用，使得企业价值得不到充分的挖掘，全面预算管理工作缺乏创新性与可行性，严重影响了企业的可持续发展。积极应用大数据技术，能够为企业全面预算管理工作的顺利开展提供全新的思路与方法，确保全面预算管理工作可以高效开展，为企业经营目标的顺利达成提供保障。尤其是大数据具有信息化和可视化功能的优势，能帮助企业对整体产业链的发展情况进行准确的把握，进而制定出更具有可行性、前瞻性的经营发展战略与预算管理措施。

从数据规模层面分析，大数据能够提供远超传统数据的数据信息支持，实

现的数据信息传输具有更高的精确性与可靠性；从数据类型层面分析，除了传统预算必不可少的财务数据信息之外，大数据还涉及图片、音频和温湿度等众多类型的数据内容，依托对众多数据信息进行的挖掘分析，确保相关预算管理方案更加科学、有效；从数据更新层面分析，传统数据的更新速度相对较慢，无法达到实时更新的效果，而大数据则能够达到信息实时采集以及更新的效果，能够做好预算的实时管控，减少信息不对称及滞后性等方面的消极影响；从挖掘数据关系层面分析，大数据不仅能够探知数据表面的信息内容，而且能够挖掘出不同数据间的关系，明确其潜在信息内容，为后续预算编制等工作的开展提供可靠的信息参考。

通过使用全面预算管理，企业可以通过量化战略目标和严格执行年度目标来有效降低财务风险和经营风险，同时，可以通过全过程、全覆盖、全员参与的方式完成绩效管理工作，推动年度经营目标的顺利实现。依托全面预算管理工作的顺利推进，企业能够实现资金流、业务流及信息流的有效全链条融合发展，为企业优化资源配置、降低经营风险影响及实现科学战略规划等提供保障。在全面预算管理工作中，针对人力、物力和财力实现的有效配置，激发全员的工作热情与创新积极性，有助于企业整体经营能力的提高，为企业可持续发展保驾护航。在此过程中，大数据技术能够帮助企业掌握海量的数据信息，在深入挖掘数据内容的情况下获取对企业发展起到指导作用的信息资料，为企业预算管理工作的有效推进提供信息保障。

二、大数据背景下企业全面预算管理的优化措施

（一）企业预算编制体系的优化

企业的预算编制体系可以结合平衡计分卡进行优化，从财务目标、客户目标、成长目标及内部运营目标四个方面出发，并以各部门预算的实际情况为依据完成整体系统的编制工作。

1．财务层面

通常情况下，财务目标可分为 3 个组成要素，即筹资、投资和经营。在制定实际经营目标期间，要深入分析企业的销售周期、产能利用率和成本控制

情况，准确把握市场平均表现、竞争企业表现及行业政策等实际情况，进而建立净利润率、收入增长率等相关财务预算指标；在制定实际筹资、投资目标期间，要深入分析企业自身的投融资需求和管理者的投融资偏好，充分考虑被投资方的资金使用和偿债能力，进而确定经济增加值、预期资产负债率等相关预算指标。依靠大数据平台实现对预算编制的支持，企业可以优化自身人力、物力等资源的配置，促进资源利用率的全面提高，为企业经营效率的提升提供充分保障。

2. 客户层面

在大数据条件下，企业能够借助目标客户消费习惯和社交网站评论等渠道对其消费行为进行深入分析，准确把握目标客户的消费习惯、消费水平和消费需求等，由此合理预测新客户获得率以及预期市场份额等，进而制定科学的客户管理策略。同时，企业应当结合产品成本、性能及质量等条件确定合理的客户目标，准确把握客户方面的心理需求，依托大数据的支持准确获悉客户需求情况，进而达到增加客户满意度和提高客户吸引力的效果。

3. 成长层面

成长层面通常涉及研发创新及员工两方面的内容。其中，研发创新层面能够依托市场当前的新技术需求情况、企业产能及竞争对手技术发展现状等制定合理的研发创新预算；而员工部分能够通过员工言论、工作习惯和员工间关系等方面对其归属感、需求情况、能力水平及满意度情况等进行分析，进而制定与员工发展需求相适应的企业文化策略与培训计划，促进员工专业能力的增强。此外，企业应当结合经营预算的具体情况，针对员工的专业能力和工作水平等做好评估工作，依托合理的激励措施提高员工参与工作的热情，努力做好产品创新，推动企业竞争能力的提升。

4. 内部运营层面

内部运营是企业财务目标顺利达成的重要业务基础，主要是针对采购、生产、销售及运营开展的全程控制与管理工作。依托大数据管理中心存储的上游企业产品质量以及赊购可能性等相关数据信息与企业自身的产品需求、议价能力等具体情况来制定合理的采购预算；依托对企业生产效率、产能利用率及产品合格率等信息的分析，制定科学的生产预算；利用下游企业产品需求、资金流情况及赊销可能性等确定适合的销售预算和销售策略。在大数据资源系统的支持下，企业能够对当前相关业务呈现出的供产销情况进行准确把握，明确企业的长期发展需要，进而制定更加合理的销售预算，提高企业资金利用率，推动企业整体产能水平的持续提高。

（二）企业预算执行体系的优化

大数据的发展为企业具体预算执行工作的顺利开展创造了便利，在各部门执行预算的同时，大数据管理中心也在对各部门的执行情况进行收集整理、实时监控和分析。通常，基于大数据的预算执行模块由以下三个部分构成。

1. 预算审批

在预算审批工作中，企业需要力求标准化与规范化，针对预算执行期间可能面临的风险要做好有效控制，严格将责任落实到相关部门和个人。同时，应当避免出现重复审批和越权审批的情况，将与预算审批相关的工作流程、时间节点及审批权限等进行明确的流程标注，确保能够对整个预算审批工作进行跟踪管理，提升预算审批的质量与效率。对于因各责任人个人问题导致预算审批工作出现重复审批和越权审批等情况的，应纳入绩效考核范畴，并与相关责任人后续的岗位晋升和薪酬调整挂钩，确保预算审批高效运行。

2. 预算控制

基于大数据管理中心实现的全面预算管理工作能够达到事前、事中及事后全程的预算分析与管控，为企业更好地开展预算管理工作提供保障。但是，全面预算控制并非针对全部预算工作的细节展开监管工作，而是依托风险测算的方式针对各控制节点的风险情况完成分级工作。其中，做好高风险部分的重点分析与监控管理，促进预算目标的顺利实现；低风险部分可以简化监管措施，降低预算控制成本，提高预算管理的整体效率。

3. 预算调整

在实际预算执行期间，不可避免地会出现业务执行情况与预算相偏离的现象，而大数据管理中心发出预警后，预算执行部门和预算管理部门可视情况的程度不同进行调整。若发觉实际预算执行与原本预算之间存在很大的差异，则应当对其差异原因进行深入分析并且将分析情况反馈到相关部门，各执行部门则联系获得的反馈信息对自身的预算执行情况做好调整工作，避免由于信息不对称影响各部门工作的顺利开展；若预算执行期间遇到国家政策出现调整变化的情况，有关预算管理部门和执行部门应当按照大数据管理中心传递的变动信息做好相应预算的调整工作，并且将最新的信息内容传达到相关执行部门；若市场存在重大突发事件或数据差异显著，大数据管理中心会向各部门反馈警示信息，提醒各部门及时做好应对工作。

（三）企业预算考评体系的优化

企业应在预算期末对预算执行情况做好评价考核工作，主要从预算执行结果评价和预算执行过程评价两方面入手做好优化控制。

1．企业预算执行结果评价

有关预算执行结果方面的考核评价工作应当由财务、客户、成长及内部运营四个方面完成，将这些指标的具体执行表现与其预算目标加以对比分析，应用引入竞争企业数据及行业平均数据的方式完成差异分析工作，由此明确最终的预算执行表现，为企业后续预算制定等工作的开展提供信息参考。

2．企业预算执行过程评价

在预算执行期间，大数据管理中心会对企业相关预算活动的执行情况进行实时的信息采集工作，如此能够更为便捷地针对预算执行效率、执行情况等实现过程评价分析。企业应参照预算具体的实施情况，对其预算可行性、完成周期以及相关部门的执行能力等进行分析。企业应对预算执行相关的突发事件处和调整记录等内容进行分析，准确把握企业自身的应变能力和预算调整执行能力，为相关预算活动的顺利开展提供经验参考。

综上所述，大数据能够为企业全面预算管理体系的优化提供充分的数据信息支持，为企业预算工作的顺利进行提供技术保障。企业应当在大数据高速发展的背景下，准确把握预算管理工作的发展趋势，积极展现全面预算管理对于企业发展起到的积极促进作用，提升企业对大数据技术的应用水平，促进企业预算管理能力的增强，为企业可持续发展贡献力量。

与此同时，日益繁荣发展的大数据也使得数据管理系统及数据使用者面临更大的挑战危机。海量的数据信息使得其信息密度处在相对偏低的水平，要求数据使用者自身具备强大的数据挖掘和分析能力，筛选出与企业发展相适应的数据信息，为企业经营战略制定及绩效管理实施提供信息支持；而大数据的实时采集及分析数据的特点，也使得数据管理系统自身需要具备强大的实时更新能力，确保大数据能够为企业全面预算体系的建设创造更突出的价值。

第五章 战略管理与成本控制

第一节 企业战略管理会计及其内容

随着经济全球化的加剧，如何在激烈的竞争中占据优势，顺利实现企业的战略目标至关重要。战略管理会计的出现为企业的财务管理和财务会计信息管理提供了新思维和新方向，将会计信息与企业内部信息相结合，从战略发展的角度分析问题并解决问题，为企业创造价值。战略管理会计是管理会计的一个分支领域，旨在将会计和财务管理与战略管理相结合，为企业制定和执行战略提供支持和指导。它强调将财务信息与战略目标和决策相结合，以帮助企业管理者制定战略、评估绩效和做出决策。

一、战略管理会计的目标

正确的目标是系统良性循环的前提条件。战略管理会计的目标对战略管理会计系统的运行也具有同样意义。战略管理会计的目标可以分为最终目标和具体目标两个层次。

（一）战略管理会计的最终目标

战略管理会计的最终目标应与企业的总目标具有一致性。传统管理会计的最终目标是利润最大化。利润最大化虽然能够使企业讲求核算和加强管理，但是，它不仅没有考虑企业的远景规划，而且忽略了市场经济条件下最重要的一个因素——风险。为了克服利润最大化的短期性和不顾风险的缺陷，战略管理会计的目标应立足于企业的长远发展，权衡风险与报酬之间的关系。自20世纪中期以来，多数企业把价值最大化作为自己的总目标，因为它克服了利润最大化的缺点，考虑了货币时间价值和风险因素，有利于社会财富的稳定增长。

企业价值是企业现实与未来收益、有形与无形资产等的综合表现。因此，企业价值最大化也就是战略管理会计的最终目标。

（二）战略管理会计的具体目标

战略管理会计的具体目标主要包括四个方面：协助管理者确定战略目标；协助管理者编制战略规划；协助管理者实施战略规划；协助管理者评价战略管理业绩。

1．协助管理者确定战略目标

战略管理会计通过对外部环境和内部资源的分析，为管理者提供决策依据，帮助他们确定组织的战略目标。这包括了对市场趋势、竞争对手、行业发展等因素的研究，以及对内部资源和能力的评估，以找到组织在竞争中的优势和定位。

2．协助管理者编制战略规划

战略管理会计在制定战略规划方面起到重要作用。它通过提供相关的财务和非财务信息，协助管理者制定战略规划，包括制定长期目标、中期计划和年度预算。它帮助管理者预测未来的财务表现，评估资源需求，制定资本投资计划等，以支持战略目标的实现。

3．协助管理者实施战略规划

战略管理会计在战略规划的实施过程中提供支持。它通过跟踪和监控关键绩效指标，为管理者提供有关实施进展的信息。战略管理会计还可以帮助管理者制定绩效评价体系，激励员工实施战略规划，并提供决策支持，以确保战略目标的顺利实现。

4．协助管理者评价战略管理业绩

战略管理会计还负责评估战略管理的绩效。它通过比较实际绩效与预期绩效，评估战略规划的成果和效果。战略管理会计可以提供各种指标和报告，帮助管理者了解企业的财务状况、市场表现和竞争优势，以及战略规划的有效性。这些评估结果可以为管理者提供改进和调整战略的依据。

总之，战略管理会计通过与战略管理的结合，为管理者提供全面的财务和非财务信息，协助他们确定战略目标、制定战略规划、实施战略规划，并评估战略管理的绩效，以实现组织的长期竞争优势和可持续发展。

二、战略管理会计的特征

（一）开放系统的特征

传统的管理会计主要针对企业内部环境，如提供的决策分析信息主要依据企业内部的生产经营条件、业绩评价主要考虑本身的业绩水平等，因此构成一个封闭的内部系统。战略管理会计要考虑市场的顾客需求及竞争者实力，这种市场观念表现为管理会计信息收集与加工涉及面的扩大及控制视角的扩展，如战略决策分析要考虑顾客需求和竞争者信息，成本控制要扩展到产品的整个生命周期，而且在标准制定、业绩评价中也要考虑同行业的平均或先进水平，等等。从这一方面说，市场观念使管理会计的视角由企业内部拓展到企业外部。

战略管理所倡导的市场观念的核心是以变应变，在确定的战略目标要求下，企业的经营和管理都要适应动态市场的需要并及时进行调整。这种"权变"的管理思想对管理会计的方法体系同样产生了深远的影响，它要求管理会计必须改变传统分析中诸多的静态假设，在变动的外部环境条件下进行各项决策分析。战略管理会计所具有的开放性，缩小了管理会计模型和实际环境之间的差距，增强了管理会计信息的相关性和准确性。

（二）企业管理的整体视角

战略管理强调战略目标的合理确定，并从企业管理的各个环节和各个方面来保证其最终实现。这种整体观念有利于增强企业内部的协调运作，促使内部组织间的目标一致，减少内部职能失调。这就要求管理会计的控制不能仅仅停留在对结果的分析，而且要通过过程的控制将企业生产经营的各个环节都和企业整体目标相联系，以过程的控制实现对结果的影响和保证预期结果的实现。近年来发展起来的作业成本法、生命周期成本法将分析的视角由结果追溯到与产品价值相关的各个环节，撬开了在传统的管理会计分析中视为"黑箱"的生产经营过程，充分体现了战略管理会计将结果控制与过程控制相结合的特征。这一发展趋势使管理会计系统更多地融入企业生产经营活动的全过程，具有更多的非财务性质。因此，不仅要求管理会计人员与技术、生产、管理各领域人员密切配合，而且对管理会计人员的知识结构有了更高的要求。

（三）动态系统特征

企业战略目标的确定是和特定的内外部环境相适应的，在环境发生变化时还要相应地做出调整，因此，战略管理是一种动态管理。处于初创期、发展期、成熟期或衰落期等不同发展阶段的企业，必然要采取不同的企业组织方式和不同的战略方针，并且要根据市场环境及企业本身实力的变化相应地做出调整。

例如，比较处于发展期和处于成熟期的企业，前者可能注重营销战略，以迅速占领扩大中的市场，企业组织相应较为简单，内部控制较为松散；后者一般规模较大，组织结构复杂，面对的是成熟的市场，因此必须通过加强内部控制来降低成本、增强竞争优势，同时注重新产品的开发。这种与企业组织发展阶段相对应的战略定位又必然随着企业由发展期向成熟期过渡而做出调整。与企业组织发展阶段相对应的战略定位及其动态调整，必然要求管理会计系统不仅能够适应特定阶段的战略管理要求，而且能及时地做出调整。这种动态系统的特征在满足战略管理会计对管理会计系统的要求的同时，也对管理会计人员的环境认知能力及系统设计能力提出了更高的要求。

（四）个性特征

战略目标的确定、实施和实现过程，实际上是企业文化的发现、创造过程。企业战略目标、实施方案等的确定及其确定方式，不仅要考虑现有的企业文化，而且要主动地创造企业文化。

例如，企业战略目标的确定可以采用"自上而下"或"自下而上"的方式，这两种方式的选择首先受到现有企业文化的制约：较多地讲究民主管理的企业可能选择后者，而长官意志起主要作用的企业可能选择前者。企业也可能在这一过程中并未确立明显和强烈的文化特征，但后来改变了原有的文化氛围，创造了全新的企业文化。

战略管理中这种企业文化的确立和创造必然对管理会计控制系统的设

计带来重要影响，促使管理会计的系统设计更多地考虑人的因素，以适应本企业战略管理所需要的文化氛围，有效地实现其过程控制。例如，企业预算编制程序的选择，不仅要考虑企业战略管理中形成的企业文化，而且在此过程中要进一步加强这种特征，由此形成的管理会计系统必然带有更强的个性特征。

（五）合法性、科学性和艺术性相结合特征

与战略有相关性的信息，是以外向型为主体的多样化信息。这种类型的信息，可从企业外部多种渠道获得，如公开的财务报告、竞争对手广告、行业分析报告、贸易金融报道、政府统计公告、银行金融市场、商品市场、产品技术分析、竞争对手的前雇员、行业协会、竞争对手团体中的其他成员、实地考察、本企业雇员、行业专家顾问、共同的顾客、共同的供应商等，实际上相关的多样化信息来源是不胜枚举的。即使在日常公开出版的报纸、杂志和其他的公开出版物中，也包含了大量相关信息资源的原始材料，必须把它们视作极为重要的信息宝藏。

多样化的信息收集，可以由企业的信息机构和人员去做，也可以委托企业外部专职化管理咨询机构去做。同时，应注重第一手材料的掌握，以增强对有关信息源的洞察与感悟能力，这对提高相关信息的决策有用性是非常重要的。此外，还可直接运用当代先进的科学技术，为采集多样化的信息服务。例如，请相关的技术专家拆解竞争对手的产品，借以较详细、深入地了解其结构和功能及其整体上独特之处。又如，请冶金专家研究竞争对手的主要运货铁道生锈程度，借以判断其生产经营的盛衰情况，以便据以采取相应的对策等，都可为企业提供大量战略相关性的信息。

通过多样化的方法和手段所取得的多样化的信息资料，只属于原始性的材料，并不直接具有战略的相关性与有用性。这是因为它们表现为既数量庞大、形式多样，又杂乱无章，只有以科学的态度、灵活的技巧，对它们作进一步的筛选、加工、分类和整理，通过去粗取精、去伪存真，既反映社会的物质层面，又反映社会的精神层面。这一过程可简称信息的处理过程。它所取得的成果是信息处理人员科学精神和艺术修养相结合的。

三、战略管理会计的内容

"随着经济全球化进程深入，我国众多企业都参与到了国际竞争中，国际经济环境复杂多变，战略管理会计的建立适应了企业经营发展的需要。"战略管理会计的主要内容应包括以下五个方面。

（一）战略目标制定

战略管理会计首先要协助高层管理者制定战略目标。企业的战略目标可以分为三个层次，即公司战略目标、竞争战略目标、职能战略目标。公司战略目标主要是确定经营方向和业务范围方面的目标。竞争战略目标主要研究的是产品和服务在市场上竞争的目标问题，需要回答基本问题：企业应在哪些市场竞争？要与哪些产品竞争？如何实现可持续的竞争优势？其竞争目标是成本领先还是差异化？是保持较高的竞争地位还是可持续的竞争优势？职能战略目标所要明确的是，在实施竞争战略过程中，公司各个部门或各种职能应该发挥什么作用，达到什么目标，战略管理会计要从企业外部与内部搜集各种信息，提出各种可行的战略目标，供高层管理者选择。

（二）战略成本管理

成本管理是管理会计的重要内容之一。它是一个对投资立项、研究开发与设计、生产、销售进行全方位监控的过程。战略成本管理主要是从战略的角度来研究影响成本的各个环节，从而进一步找出降低成本的途径。作业影响动因，动因影响成本。成本动因可以分为两大类：一类是与企业生产作业有关的成本动因，如存货搬运次数；另一类是与企业战略有关的成本动因，如规模、技术、经营多元化、全面质量管理及人力资本的投入。对于作业成本动因而言，战略成本动因对成本的影响更大。因此，从战略成本动因来进行成本管理，可以避免企业日后经营中可能出现的大量成本浪费问题。一般来说，企业可以通过采取适度的投资规模、市场调研、合理的研究开发策略等途径来降低战略成本。

（三）经营投资决策

战略管理会计是为企业战略管理提供各种相关、可靠信息的。因此，它在提供与经营投资决策有关的信息的过程中，应克服传统管理会计所存在的短期性和简单化的缺陷。它应以战略的眼光提供全局性和长远性的与决策相关的有用信息。为此，战略管理会计在经营决策方面应摒弃建立在划分变动成本和固定成本基础上的本量利分析模式，采用长期本量利分析模式。

长期本量利分析是在企业的产品成本、收入与销售量呈非线性关系，固定成本变动及产销量不平衡等客观条件下，来研究成本、业务量与利润之间的关系。其关键是应用高等数学、逻辑学建立成本、业务量与利润之间的数学模型与关系图，从而确定保本点、安全边际等相关指标，进行利润敏感性分析。

在长期投资决策方面，应突破传统的长期投资决策模型中的两个假定：一是资本性投资集中在建设期内，项目经营期间不再追加投资；二是流动资金在期初一次垫付，期末一次收回。把资本性投资与流动资金在项目经营期间随着产品销量的变化而变动的部分也考虑在内，此时的现金流量与传统的现金流量有所不同，是将现金流量折现得出的企业长期投资的预期净现值。战略管理会计以现实的现金流量为基础，更能反映企业投资的实际业绩，为企业注重持续发展提供有用的信息。

（四）人力资源管理

人力资源管理是企业战略管理的重要组成部分，也是战略管理会计的重要内容。它包括为提高企业和个人绩效而进行的人事战略规划、日常人事管理以及一年一度的员工绩效评价。前者主要是人员招聘和员工培训方面的规划。战略管理会计的核心是以人为本，通过一定的方法和技能来激励员工，以获取最大的人力资源价值，并采用一定的方法来确认和计量人力资源的价值与成本，进行人力资源的投资分析。

（五）风险管理

企业的任何一项行为都带有一定的风险。企业可能因冒风险而获取超额利润，也可能会招致巨额损失。一般而言，报酬与风险是共存的，报酬越大，风险也越大。风险增加到一定程度，就会威胁企业的生存。由于战略管理会计着重研究全局的、长远的战略性问题，因此，它必须经常考虑风险因素。其对风险的管理主要是在经营与投资管理中采用一定的方法，如投资组合、资产重组、并购与联营等方式分散风险。

第二节　实施企业战略管理会计的基本方法

"战略管理会计作为更具先进性的会计管理模式，在企业中进行应用能够更科学地为企业判断外部环境，提高决策的科学性，助力于企业整体市场竞争力的提升。"为了使战略管理会计理论在企业会计实践中得到成功的应用，还需要有一定的方法加以保证。

一、作业成本法

作业成本法是一种在20世纪80年代开始逐渐发展的成本计算方法，旨在适应制造环境的变化。它基于作业为基础的信息加工系统，侧重于分析成本的动因，并根据资源耗费的因果关系进行成本分析。

作业成本法首先将成本按照作业对资源的耗费情况分配到成本对象，这有助于克服传统成本计算系统中间接费用责任不清的缺陷。以前许多不可控的间接费用在作业成本系统中变得可控。通过将成本与具体作业相关联，作业成本法提供了更准确的成本信息，使管理者能够更好地了解不同作业的资源消耗情况，以便做出明智的决策。

作业成本法还扩大了成本核算的范围，包括了更多的成本项目。传统的成本计算系统可能只关注直接材料和直接人工成本，而忽视了许多间接费用。然而，作业成本法通过将这些间接费用与作业相关联，提供了更全面的成本核算，更好地反映了实际成本。

此外，作业成本法改进了成本分摊的方法。传统的成本计算系统可能使用简单的分摊率进行费用分摊，忽视了资源耗费的差异性。而作业成本法考虑了作业对资源的不同消耗程度，采用更为精确的成本分摊方法，提供了更可靠的成本信息。

作业成本法的另一个优点是及时提供相对准确的成本信息。由于成本与作业紧密相关，作业成本法能够及时收集和处理成本数据，提供实时的成本信息。这使得管理者能够更好地监控成本，及时采取必要的措施进行成本控制和调整。

最后，作业成本法改进了业绩评价标准。传统的成本计算系统可能只关注成本控制和利润分析，而忽视了作业绩效的评估。作业成本法通过跟踪和分析每个作业的成本和效益，提供了更全面的业绩评价标准，使管理者能够更好地了解每个作业的贡献和效率。

综上所述，作业成本法在适应制造环境变化的背景下应运而生，并取得了显著的优势。它通过基于作业的成本分析，解决了传统成本计算系统中间接费用责任不清、成本范围有限、成本分摊不准确等问题，提供了更准确、全面和及时的成本信息，优化了业绩评价标准，帮助管理者更好地控制成本、提高效率和做出决策。

二、产品生命周期法

产品生命周期理论认为，任何产品从最初投放市场到最终退出市场都是一个有限的生命过程。这一过程可由几个明显的阶段加以区分，分别为产品投放期、增长期、成熟期和衰退期。追踪某一产品的销售历史可以看出，产品的生命周期可以用 S 形曲线描述出来。随着产品沿着生命周期曲线的移动，单位利润也随之变化。在产品投放前期，因其尚未被人所接受，单位利润为负数，随着对产品接受程度的提高，单位利润迅速上升。而过了成长期，随着竞争的加剧，单位利润开始逐渐下降，直至退出市场。

在不同的阶段，企业会面临不同的机会和挑战，因而需采取相应的战略。产品生命周期可以很好地指导企业的战略成本管理。例如，在投放期和成长期，应以创业为使命，努力提高市场占有率。在成熟期，应以维持为使命，以保持企业现有的市场份额和竞争地位。在衰退期，则应以收获为使命，力争短期利润和现金流入的最大化，甚至牺牲部分市场份额。

三、增长率份额矩阵

增长率份额矩阵是一种经典的战略管理工具，也被称为波士顿矩阵或BCG 矩阵，该矩阵用于评估和管理组织的业务组合，并为不同业务单元提供战略建议。

增长率份额矩阵基于两个维度：市场增长率和市场份额。它将不同业务单元（产品线、品牌、部门等）划分为四个象限，每个象限代表了不同的战略方向。

第一，明星象限。明星象限中的业务单元具有高市场增长率和高市场份额。它们在快速增长的市场中占据主导地位，并具有较高的收入和利润潜力。管理者应该投资和支持这些业务单元，以进一步加强其市场地位，并实现长期的利润增长。

第二，问题儿童象限。问题儿童象限中的业务单元具有高市场增长率，但市场份额较低。它们在新兴或竞争激烈的市场中面临挑战，但具有潜力成为未来的明星。管理者需要考虑是否增加投资以提高市场份额，或者考虑退出市场。问题儿童可能需要更多的研发和市场推广来实现增长。

第三，现金奶牛象限。现金奶牛象限中的业务单元具有相对低的市场增长率，但具有高市场份额。它们在成熟市场中占据主导地位，并为组织稳定地产生现金流入。管理者应该保持现金奶牛的稳定利润，并考虑将其利用于其他高增长业务的投资。

第四，狗象限。狗象限中的业务单元具有低市场增长率和低市场份额。它们在成熟市场中表现平庸，难以实现盈利。管理者需要评估是否继续支持这些业务单元，并考虑进行业务整合或退出市场。

增长率份额矩阵的目标是为管理者提供有关业务单元的战略决策建议。通过将业务单元放置在不同的象限中，管理者可以识别明星业务、问题儿童、现金奶牛和狗，并采取相应的行动来优化业务组合，实现长期的业绩增长和市场竞争优势。

四、价值链分析

价值链分析分为横向价值链和纵向价值链两种。

从横向角度来看，企业行为分成 9 种相关的活动，包括一般管理、人力资源管理、技术发展、采购、内勤、经营、外勤、营销和服务。价值链上的每项活动都有自身的经营成本和资产，因此，每项活动的成本要受到所分配的资产数量和使用效率的影响。为分别考察每种活动的成本效益状况，应将资产和成本分配到这些活动中，并确定每项活动的成本动因，将其影响予以数量化，以揭示各种成本动因的相对重要程度。同时，为了衡量企业的成本竞争地位，还应将上述分析运用到竞争对手身上。如果企业价值链上所有活动的累计总成本小于竞争对手的成本时，就具有了成本优势。而这种优势若能得以保持，使得竞争对手无法轻易模仿，才具有战略上的意义。

从纵向角度来看，将整个行业的价值活动分解成一系列相关的战略活动。这往往会超越任何一个企业的经营范围。例如，可以将造纸行业分成木材种植、砍伐、纸浆生产、造纸、加工、销售等价值活动。通过这一分析，可以深入理解成本性态及各个阶段产生差异的原因，从而确定企业由目前的位置沿着价值链向前或向后延伸是否有利可图，以提高整体的盈利水平。

五、竞争对手分析

当今企业之间的竞争已成为全球性经济发展的动力，当代竞争战略是建立在与竞争对手对比的基础上，不能准确地判断竞争对手就无法制定可行的竞争战略。企业要取得竞争优势，就要了解竞争对手、分析竞争对手。

分析竞争对手，应明确谁是竞争对手。企业实际的和潜在的竞争对手包括向目标市场提供相似产品或服务的企业、经营具有相互替代性的产品或服务的企业、在市场上试图改变或影响消费者消费习惯和消费倾向的企业等。对第一类竞争对手，由于产品的性能相同而且基本稳定，因此可将其作为主要竞争对手进行分析，其中又以最具竞争力的对手为主。

分析竞争对手的价值链是确定竞争对手在竞争中相对地位的基本工具。在明确所要分析的竞争对手之后，分析的重要步骤是识别竞争对手的价值链，判断竞争对手是怎样进行价值活动的。对竞争对手价值链的分析与对自己价值链的分析过程相同。

在实践中，由于没有竞争对手的直接信息，要估计竞争对手的价值链和成本通常极为困难，因此就需要采用一定的方法取得竞争对手的直接信息。具体做法有：评估竞争对手在公开市场购买中间产品的相对成本差异；根据汇率的相对变动判断海外竞争对手的成本变动趋势；根据竞争对手生产场所的地理位置和销售渠道计算其在特定市场的销售成本；根据竞争对手的技术装备判断竞争对手的生产效率；根据竞争对手的生产能力和市场份额判断竞争对手的生产能力利用率；通过与竞争对手的分销商、供应商及其他人士交谈来评估竞争对手某些价值活动的成本；根据竞争对手公开的财务报告、行业分析报告、内部刊物等资料提供的数据对竞争者的成本和价值链情况做出判断。另外，也可以委托专门的咨询服务公司调查评估竞争对手。

六、预警分析

预警分析是一种管理方法，旨在预测可能会对企业竞争地位和财务状况产生影响的潜在因素，并提醒管理部门注意这些因素。这种分析方法的目的是使管理部门在不利情况发生之前采取预防措施，解决潜在问题，从而增强企业的竞争力。

预警分析可以分为外部分析和内部分析两个方面。

外部分析主要关注企业所面临的市场状况和市场占有率等外部因素。通过对行业特点和竞争状况进行细致的分析，管理部门可以预测市场的变化趋势，例如市场需求的变化、竞争对手的策略调整等。这些预测可以帮助企业在市场变化之前做出相应的调整，避免错失机会或受到市场冲击。

内部分析主要关注企业内部的因素，例如劳动生产率、机制运转效率和职工队伍稳定性等。通过分析企业内部的运营状况和员工情况，管理部门可以预测出潜在的问题和风险，例如生产效率下降、管理体系失灵或人力资源流失等。这样的预警分析可以帮助企业及时采取措施，解决问题并保持业务的稳定性。

显然，具备熟练预测内外部环境变化能力的企业将拥有较强的竞争优势。预警分析可以帮助企业提前识别和应对潜在的风险和机遇，使企业能够迅速调整战略、改进业务和资源配置，并在竞争激烈的市场中脱颖而出。通过积极采取预防措施，企业可以降低经营风险，增加收益，并确保持续的竞争优势。

七、质量成本分析

战略管理会计是一种管理会计方法，关注企业竞争能力的非财务信息，其中重要的方面之一是产品质量。许多企业采取全面质量管理的方法来提高产品质量。质量成本分析是一种方法，用于对产品从研制、开发、设计、制造到售后服务的整个生命周期内的质量成本进行分析。它主要关注质量成本的四个部分，即预防成本、鉴定成本、内部质量损失和外部质量损失。通过全面了解与质量相关的成本信息，管理者可以进行正确的质量成本管理和控制，从而改变传统管理会计中"重视产量而轻视质量"的观念。

质量成本分析有如下四个部分：

第一，预防成本。预防成本是为了防止质量问题在产品生命周期的早期阶段出现而发生的成本。它包括质量规划、培训、质量标准制定和供应商评估等活动的成本。通过投入适当的资源和精力来预防质量问题的发生，企业可以降低后续的质量成本。

第二，鉴定成本。鉴定成本是为了发现和识别产品质量问题而发生的成本。它包括检测、测试、检验和质量审查等活动的成本。通过及时检测和鉴定质量问题，企业可以迅速采取措施进行修正，从而减少进一步的成本损失。

第三，内部质量损失。内部质量损失是由于产品在内部流程中出现质量问题而导致的成本损失。它包括废品、返工、报废、生产停机等成本。通过降低内部质量损失，企业可以提高产品质量、减少资源浪费，并提高生产效率。

第四，外部质量损失。外部质量损失是由于产品在市场使用过程中出现质量问题而导致的成本损失。它包括售后服务、保修、退货、索赔等成本。通过降低外部质量损失，企业可以保护品牌声誉、提高客户满意度，并减少售后成本。

通过质量成本分析，企业能够全面了解与质量相关的成本，将质量管理纳入战略管理会计的范畴。这有助于管理者更好地评估产品质量对企业竞争能力的影响，并采取适当的措施来提高产品质量，降低质量成本，实现竞争优势。同时，这也有助于改变管理者传统的观念，将质量视为企业成功的关键要素，而不仅仅关注产量和财务指标。

第三节　企业战略管理会计视角下的成本控制

在企业战略管理会计的视角下，成本控制是一个关键的方面。成本控制旨在通过有效管理和监控企业的成本，以支持企业实现其战略目标。以下是一些企业战略管理会计视角下成本控制的重要考虑因素。

一、成本驱动的战略

企业战略管理会计是一种管理会计方法，旨在将成本管理与企业的战略目标紧密结合起来。它强调在制定和执行企业战略时，成本控制应该与企业的战略定位相一致，以确保资源的正确配置，并支持企业在市场上的竞争优势。

首先，企业战略管理会计的核心是将成本管理与战略规划相结合。这意味着企业在确定战略目标和制定战略计划时，需要考虑成本因素。管理会计师通过对企业内外部环境进行分析，识别出战略目标所需的资源，并评估这些资源的成本。这有助于确保企业能够在资源有限的情况下，将资源分配到最具战略意义的领域，从而提高整体绩效。

其次，成本控制在企业战略管理会计中起着重要作用。成本控制是指在企业的经营过程中，通过合理的成本管理手段来控制和降低成本的方法。在战略管理会计中，成本控制应与企业的战略定位相一致。这意味着企业需要根据其所选择的战略方向来确定成本控制的重点。例如，如果企业的战略是以低成本为竞争优势，那么成本控制的重点将放在寻找成本节约的机会、提高生产效率和降低运营成本等方面。

此外，企业战略管理会计还注重资源的正确配置。资源包括资金、人力、物资等。在制定战略时，企业需要合理配置这些资源，以支持战略的实施。管理会计通过成本分析和绩效评估，确定哪些资源是关键的，应该得到优先考虑。这有助于企业将资源集中投入到最具战略意义的活动中，提高资源利用效率，增强竞争优势。

最后，企业战略管理会计的目标是支持企业在市场上的竞争优势。通过将成本管理与战略目标紧密结合，企业可以更好地了解自身的成本结构，优化资源配置，降低成本，提高效率。这有助于企业降低产品或服务的价格，增强市场竞争力。同时，战略管理会计还可以为企业提供决策支持，帮助企业在市场上抓住机遇，应对挑战，实现可持续发展。

二、成本效益分析

成本效益分析是企业战略管理会计中的一项重要工具，用于评估企业的投资和决策。它通过比较成本和效益来确定企业所做的投资是否具有经济合理性，并为成本控制提供有针对性的建议。

在成本效益分析中，成本是指企业在实施某个项目、产品线或业务部门时所需的资源支出，包括直接成本（如原材料成本、人工成本）和间接成本（如设备折旧、运营费用）。效益则是指由这些投资所带来的回报，可以是直接的经济效益（如销售收入、利润增长）或间接的非经济效益（如品牌声誉、市场份额增加）。

成本效益分析的过程包括以下步骤：

第一，确定分析的范围和目标。明确要进行成本效益分析的项目、产品线或业务部门，以及分析的目标和关注点。这有助于确定所需的数据和评估指标。

第二，收集数据。收集相关的成本和效益数据。成本数据可以来自企业的会计系统或其他记录，而效益数据可能需要进行市场调研、顾客反馈等方式获取。确保数据的准确性和完整性非常重要。

第三，评估成本。对所选项目、产品线或业务部门的成本进行全面评估。这包括直接成本和间接成本的计算，可以使用不同的成本分配方法（如直接成本法、活动基础成本法）来分配共享成本。

第四，评估效益。评估所选项目、产品线或业务部门的效益，包括经济效益和非经济效益。经济效益可以通过估计销售额增长、成本节约等来衡量，而非经济效益可能需要进行定性分析和主观判断。

第五，比较成本和效益。将成本和效益进行对比，计算投资的回报率或成本效益比。这可以帮助决策者判断投资是否具有经济合理性，并对不同的选择进行排序和比较。

第六，制定决策建议。基于成本效益分析的结果，制定针对性的决策建议。这可以包括投资决策、资源分配、成本控制措施等方面的建议，以最大程度地提高企业的绩效和效益。

需要注意的是，成本效益分析并非单一决策的唯一依据，还需要考虑其他因素如风险、市场前景、战略目标等。此外，成本效益分析的结果也需要及时更新和审查，以适应不断变化的市场环境和业务需求。

三、目标成本管理

目标成本管理是一种管理方法，旨在在产品或服务的开发过程中，通过设定目标成本并在整个产品生命周期中管理和控制成本，以满足市场需求并实现预期利润。

目标成本管理的核心思想是将成本控制的关注点放在产品的早期设计阶段，这是产品生命周期中最具影响力和决策性的阶段。在这个阶段，产品的特性、功能、材料和生产工艺等关键方面被确定。通过早期的成本控制，目标成本管理旨在避免后期生产和运营阶段出现成本超支的情况。

以下是目标成本管理的主要步骤和原则：

第一，确定市场需求和目标利润。首先，根据市场需求和预期利润，确定产品的定价目标。这有助于制定合理的目标成本，使产品在市场上具有竞争力。

第二，分解目标成本。将目标成本分解为不同的成本元素，如材料成本、劳动力成本、制造成本、研发成本和销售成本等。这有助于更好地理解和管理不同成本的来源和影响因素。

第三，设定目标成本。基于产品的特性和市场需求，设定适当的目标成本。目标成本应该是可行的、合理的，并与预期利润相一致。

第四，早期成本控制。在产品设计和开发的早期阶段，重点关注成本控制。通过优化设计、选择经济高效的材料和工艺，并考虑成本与性能之间的平衡，可以在不牺牲质量和功能的前提下控制成本。

第五，管理供应链成本。目标成本管理还需要关注供应链中的成本。通过与供应商进行合作，寻找成本效益更高的供应商，进行供应链优化和成本管理，可以降低产品的采购成本和生产成本。

第六，监控和控制成本。在产品生命周期的各个阶段，监控和控制实际成本与目标成本之间的差距。定期评估成本绩效，并采取必要的纠正措施，以确保成本在可接受范围内。

第七，持续改进。目标成本管理是一个持续的过程。通过不断改进产品设计、生产工艺和供应链管理等方面，寻找降低成本和提高效率的机会，以实现更好的成本控制和利润增长。

目标成本管理的优势在于将成本控制的重点放在产品的早期设计阶段，这是成本影响最大的阶段。通过在此阶段合理设定目标成本并进行成本控制，可以避免后期因设计不当或生产过程中的问题而导致的成本超支。同时，目标成本管理还促使团队在产品设计和开发中注重成本效益，提高资源利用率，并提升产品的竞争力和利润水平。

四、激励措施和绩效评估

为了有效地控制成本，企业需要采取一系列激励措施来鼓励员工采取成本控制的行动。下面是详细的设计激励措施的方法：

第一，奖励制度。企业可以设计与绩效相关的奖励制度，以鼓励员工在成本控制方面的积极贡献。这些奖励可以是经济激励，例如年终奖金、提成或股票期权等。此外，非经济激励，如员工表彰、公开表扬或特权提升，也可以作为激励措施的一部分。

第二，考核机制。企业可以建立成本控制方面的考核机制，将成本控制的目标纳入员工的绩效评估中。这可以包括制定明确的成本控制目标、设定阶段性的绩效指标，并将其与员工的绩效考核和晋升机会挂钩。通过将成本控制纳入员工的绩效考核，可以激励员工在日常工作中更加积极地寻找成本节约的机会。

第三，培训和教育。为了提高员工在成本控制方面的能力和意识，企业可以提供培训和教育机会。这些培训可以涵盖成本控制的基本概念、方法和工具，以及如何在日常工作中应用这些知识。通过提供相关的培训和教育，企业可以帮助员工更好地理解成本控制的重要性，并增强他们在这方面的能力。

第四，激励团队合作。成本控制通常需要多个部门和团队的协同努力。企业可以设计激励措施，鼓励团队之间的合作和知识共享。例如，设立团队奖励，要求不同部门或团队之间共同完成成本控制目标，并将奖励与整个团队的绩效挂钩。这样可以促进跨部门合作，提高整体成本控制效果。

第五，绩效评估指标。为了监测和评估成本控制的效果，企业需要制定适当的绩效评估指标。这些指标可以包括成本降低的百分比、关键成本项目的节约金额、成本控制措施的实施情况等。通过设定明确的指标，并定期对其进行评估，企业可以了解成本控制的效果，并及时调整激励措施和策略。

总之，为了有效地控制成本，企业需要设计激励措施来激励员工采取成本控制的行动。这些激励措施可以包括奖励制度、考核机制、培训和教育、激励团队合作及制定适当的绩效评估指标。通过这些措施的综合运用，企业可以激发员工的积极性和创造力，提高成本控制的效果。

五、信息系统和技术支持

有效的信息系统和技术支持对于企业的成本控制至关重要。现代企业可以借助先进的会计信息系统来跟踪和分析成本数据，并提供实时的决策支持。

会计信息系统是企业管理成本的重要工具之一。它们允许企业记录和跟踪与业务活动相关的各种成本信息，包括人工成本、原材料成本、设备维护成本等。通过自动化数据收集和处理，会计信息系统可以提供准确的成本数据，而无需手动计算或估算。这使得企业能够更好地了解其业务活动的成本结构，以便做出相应的决策。

实时决策支持是现代企业所需的关键功能之一。通过有效的信息系统，企业可以获得实时的成本数据和财务指标，使管理层能够及时做出决策。例如，当企业需要调整价格策略或采取成本削减措施时，实时的成本数据可以帮助管理层做出准确的决策，并及时评估决策的效果。

通过对大量数据进行分析，企业可以发现隐藏在数据中的模式和趋势，从而揭示出影响成本的因素。例如，数据分析可以揭示出哪些业务活动或产品线是成本主要来源，以及哪些因素可以降低成本或提高效率。这种洞察力可以指导企业制定相应的战略和决策，以降低成本并提高盈利能力。

有效的信息系统和技术支持对于企业成本控制至关重要。会计信息系统可以提供准确的成本数据，并支持实时决策的制定。通过利用现代的信息系统和技术工具，企业可以更有效地管理成本，提高运营效率，并取得更好的业务成果。

第六章　资金配置与成本控制

第一节　资金配置理论

一、资金活动

（一）资金运动的过程

1．企业资金运动的基本状况

在市场经济条件下，一切物资都具有一定的价值，它体现着耗费于物资中的社会必要劳动量。社会再生产过程中物质价值的货币表现，就是资金。资金是进行企业生产经营活动的必要条件。企业资金运动过程具体划分为资金筹集、资金运用和资金分配三个不同阶段。

（1）资金筹集。企业资金是企业财产物资的货币表现，企业资金在企业的生产经营中用于周转，并能够在周转中产生增值。无论是新设立企业，还是持续经营企业，为了满足生产经营的需要，都会不同程度地进行适量的筹资。在资金筹集阶段，企业通过吸引投资者向企业投资或向银行等金融机构借款等方式获取经营所需资金，形成企业的自有资金和借入资金。一般而言，企业筹集的资金最初是以货币资金形态进入企业的，具体表现为企业库存现金或银行存款。当然，无论是以何种方式获得的资金，企业都需要为筹资付出相应的代价。自有资金需要支付股息、红利，借入资金需要定期还本付息。因此，在资金进入企业形成资金周转起点的同时，企业就必须承担相应的经济责任。

（2）资金运用。企业资金运用是指将所筹集的资金投放到生产经营领域，以取得盈利，不断增加企业价值。企业资金运用主要体现在企业生产经营活动和投资活动两个方面。

第一，生产经营活动的资金运用。企业生产经营活动主要包括供应、生产和销售三个具体过程。在供应过程中，企业运用筹集到的货币资金购买材料等，将货币资金形态转化为储备资金形态。在生产阶段，劳动者和生产资料相结合，制造出符合社会需要的产品，储存资金形态转化为生产资金形态。在销售过程中，企业将生产出来的产品销售出去，从流通中收回货币，资金又回到货币资金形态。企业经营资金从货币出发，经过不同阶段，顺序改变形态，实现不同职能，最后又回到原有形态的过程，称为资金循环。企业再生产过程的持续开展，使得这种有规律的循环反复进行，从而在价值层面上表现为流动资金的周转。这种周转主要依赖于原材料的供应期、产品的生产周期和销售债权的收现期，通常表现为较短的时间，所以可归类为资金短期循环。

第二，投资活动的资金运用。企业把筹集到的资金用于购置自身经营所需的固定资产、无形资产等，形成企业的对内投资。固定资产是指单位价值较高，使用期超过 1 年，在生产经营中长期发挥作用的主要劳动资料及工作场所，如房屋、建筑物、机器设备等。其特点是在较长的使用周期内保持原有的实物形态，但其价值由于使用或自然损耗而逐渐降低，这一过程称为折旧。折旧作为固定资产损耗价值的转移，已经脱离了固定资产的实物形态，被分次计入成本费用，并通过连续会计期间的收益实现得到价值补偿。固定资产价值转移是否能够得到现实的价值补偿，不仅取决于折旧的正确计提，还取决于销售收入的充分实现。通过销售收入的收回而实现的固定资产价值补偿金在没有对固定资产实物进行更新之前，加入企业流动资金的循环周转；而一旦固定资产需要更新改造，这部分已经加入企业流动资金循环与周转的固定资产准备金，就应当实现货币资金到固定资产形态的转化。总之，固定资产由投资购建开始，按照价值转移、价值补偿、实物更新的次序所进行的循环称为资金长期循环。

无形资产是指本身不具有实物形态，能够在企业长期的生产经营中连续发挥作用的资产，如专利权、土地使用权、特许权等。无形资产的价值转移方式被称为摊销，体现在无形资产方面的资金循环与固定资产一样，也属于资金长期循环。

企业将筹集到的资金或自身的固定资产、无形资产等投资于其他企业，便形成企业的对外投资。

总之，完整意义上的资金运用，不仅包括资金的投放，而且包括资金的使用。这一方面揭示了投资决策的重要地位，另一方面也体现了日常管理的意义。

（3）资金分配。企业将生产的产品销售后取得的收入，补偿了生产、销售过程中的全部消耗后，剩余部分表现为企业盈利。当然，企业进行对外投资时也会取得收益。企业盈利包括税金、利润两部分。税金要按时、足额交给国家；利润部分为所有者权益，在提取盈余公积后，可对投资者分配利润。前已述及，企业资金筹集包括自有资金的所有者投资和借入资金的债权人投资，企业净利润的分配体现了对企业所有者的资金分配。而对债权人的资金分配则是通过将利息计入成本费用的形式来实现的。虽然分配的形式不同，但都导致一部分资金流出企业，退出资金运动过程。财务活动中的资金分配，体现了企业履行相应的经济责任。企业财务活动，即资金的筹集、运用和分配，带动了资金的循环与周转。

2. 企业资金运动的特点

通过对企业资金运动过程的了解，可以明确企业资金运动具有如下特点。

（1）体现为循环与周转方式。企业的资金在企业生产经营过程中不同阶段表现为不同的占用项目，并随着企业生产经营的进行不断转换占用形态，从货币资金→储备资金、固定资金→生产资金→成品资金→货币资金。资金这种经过一系列的形态变化，最终又回到货币资金状态的过程称为资金循环。正常经营企业的经营活动是持续不断进行的，因而其资金也是不断进行循环的，资金的不断循环称为资金周转。

（2）并存性和继起性。企业资金不仅要在空间上同时并存于货币资金、固定资金、储备资金、成品资金等资金形态上，而且在时间上要求各种资金形态相继地通过各自的循环。对于一个正常进行生产经营活动的企业来说，这些资金形态中的每一种都是必不可少的。如果没有货币资金，其他资金形态是难以形成的；如果没有储备资金，生产过程就不能顺利进行；同样，没有生产资金的耗费，就无法生产出产品，形成成品资金。显然，各种资金形态对于企业来说必须是同时存在的，即具有并存性。继起性则是指企业经营资金在以货币资金为起点的运动中，各种资金形态是依次转化的，不会发生逆运动，而且每发生一次资金形态的变化，就会向重新回到货币资金形态靠近一步，由此才能不断进行资金的循环与周转。

（3）各种资金形态按比例并存。资金循环是生产过程和流通过程的统一。在资金以实物形态和货币形态相互转化、相互交织的运动过程中，资金的价值不仅没有消失，而且得到了增长。为了保证资金得以不断地循环，资金必须以一定比例同时并存它的各种形态上。而每一种形态的资金又必须不断地经历它的各种形态变化。如果相互接续的两种资金形态比例失调，就会影响资金形态的顺利转化，进而影响企业经营活动的正常开展。

（4）补偿性和增值性。补偿性是指企业为使经营活动持续不断地进行下去，必须在完成每一次资金循环后将收回的一部分资金拿出来，重新投入到下一个资金循环中。只有这样，才能保证企业的经营活动始终能够获得足够的资金支持。增值性是指资金在完成一个循环后，收回的货币资金数额一般大于开始循环时的资金数额的这种特性，资金运动的增值部分是企业实现的利润。利润是资金运动的最终成果，也是判断企业获利能力强弱和经营管理水平高低的标志之一。

3．企业会计对象的具体内容与资金运动的关系

对于企业实际的资本循环和周转，企业应当如实进行记录，这通常是会计的职能。也就是说，企业会计对象的基本内容是资金运动。将资金运动作进一步划分所形成的内容，是资金运动的具体表现形式。也就是说，会计对象的具体内容主要包括资产、负债、所有者权益、收入、费用和利润。其中，资产主要表明资金在运动过程中的具体存在形态，如货币资金、储备资金和固定资金等；负债和所有者权益主要表明企业资金的来源方式，如债权人提供和投资者投入资本等；收入主要表明企业运用资金取得的成果；费用主要表明为取得收入而耗费的资金；利润则表明运用资金的增值额。会计对象的具体内容既可以各自独立地反映资金运动的某一方面的内容，又可以相互配合从整体上反映资金运动的全貌。

（二）明确企业主要财务关系

在企业生产经营过程的资金运动中，在周而复始的资金循环中，不同利益主体的利益与企业的生存与发展保持着密切的联系。企业财务关系是指企业在组织财务活动过程中与各有关方面发生的经济关系，企业的筹资活动、投资活动、经营活动、利润及其分配活动与企业上下左右各方面有广泛的联系。企业的财务关系因经济利益和责任的多样性而较为复杂，归纳起来主要有以下方面：

第一，企业与所有者之间的财务关系。企业与其所有者的财务关系主要指企业的所有者向企业投入资金，企业向其所有者支付投资报酬所形成的经济关系。企业的所有者要按照投资合同、协议、章程的约定履行出资义务，以便及时形成企业的资本金。企业利用资本金进行经营，实现利润后，应按出资比例或合同、章程的规定，向其所有者分配利润。企业同其所有者之间的财务关系，体现着所有权的性质，反映着经营权和所有权的关系。

企业所有者包括国家、法人和个人三种类型。由于企业所有者的出资不同，相对应地，不同所有者所享有的权利和承担的风险也不相同，由此形成的经济利益关系也不完全一致。

第二，企业与债权人、债务人之间的财务关系。企业与其债权人的财务关系主要指企业向债权人借入资金，并按借款合同的规定按时支付利息和归还本金所形成的经济关系。企业除利用资本金进行经营活动外，还要借入一定数量的资金，以便降低企业资金成本，扩大企业经营规模。企业与其债务人的财务关系主要指企业将其资金以购买债券、提供借款或商业信用等形式出借给其他单位所形成的经济关系。

企业的债权人作为资金的提供者（贷款银行、赊销的供货商等），有权要求企业到期还本付息或到期支付货款；企业的债务人作为资金的占有者（临时借款人、赊账的客户等），也必须承担相应内容的义务。企业同其债权人、债务人的关系体现的是债务与债权的关系，是企业在持续经营的资金运动中难以避免的，但也是可以利用的，企业应当依法主张自己的权利并认真履行承诺。

第三，企业与被投资单位之间的财务关系。企业与其投资单位的财务关系主要是指企业将其闲置资金以购买股票或直接投资的形式向其他企业投资所形成的经济关系。企业向其他单位投资，应按约定履行出资义务，参与被投资单位的利润分配并承担相应的风险。企业与被投资单位的关系是体现所有权性质的投资与受资的关系。由于企业投资在受资企业的主权资本中存在是否拥有控制权的差异，企业投资的经营管理权地位也不能一概而论。一般情况下，少数股东难以直接介入被投资单位的管理层。

第四，企业与政府管理部门之间的财务关系。企业与政府管理部门之间的财务关系是强制性的经济利益关系，体现在相关的法律中。任何企业都要按照国家税法的规定交纳各种税款，以保证国家财政收入的实现，满足社会各方面的需要。及时、足额地纳税是企业对国家的贡献，也是对社会应尽的义务。政府相关部门也应积极为合法经营的企业的生存发展提供政策扶持，企业应当充分利用政府提供的各项优惠政策。

第五，企业与内部各级单位之间的财务关系。企业与其内部各级单位之间的财务关系主要是指企业内部各单位之间在生产经营各环节中相互提供产品或劳务所形成的经济关系。企业在实行内部经济核算制的条件下，企业供、产、销各部门以及各生产单位之间，相互提供产品和劳务要进行计价结算。这种在企业内部形成的资金结算关系，体现了企业内部各单位之间的利益关系。

第六，企业与职工之间的财务关系。企业与其职工之间的财务关系主要是指企业在向职工支付劳动报酬的过程中所形成的经济关系。企业需要建立相应的规章制度和考核办法，根据不同职工所提供的劳动数量、质量和业绩，按期足额支付工资、奖金、津贴，依法交纳各项社会保险。企业与职工之间的这种财务关系，体现了职工和企业在劳动成果上的分配关系。由于工资需要按月支付，数额较大，对时间要求严格，企业应当特别重视这项工作，以稳定职工队伍，激发职工当家做主的工作积极性，为企业创造较好的业绩。

二、资金配置的原则

资金配置是一种管理方法，旨在确保项目或组织的活动和决策能够最大程度地实现价值。以下是一些常见的资金配置原则。

（一）关注价值

关注价值是资金配置的核心原则，它要求明确定义和理解项目或组织的价值，并确保所有活动和决策都与创造价值密切相关。这意味着将价值定义纳入决策过程的指标和目标中，以确保其得到持续关注和追求。

在实践中，关注价值可以通过以下方式体现。

第一，确定价值定义。需要明确定义项目或组织的价值。这可能涉及与利益相关者合作，理解他们对于项目或组织的期望和目标，并将其转化为明确的价值定义。例如，对于一个产品，价值可能包括功能性、可靠性、易用性、性能等方面。

第二，纳入关键绩效指标（KPIs）。关键绩效指标是衡量项目或组织绩效的重要工具。在关注价值的背景下，可以制定与价值相关的 KPIs，以便在决策过程中对价值进行跟踪和评估。例如，在项目管理中，可以使用成本效益、时间效益和质量效益等来衡量项目交付的价值。

第三，设定目标和优先级。将关注价值的原则应用于目标设定过程。在制定项目或组织目标时，要确保它们与创造价值的目标相一致。优先级也需要根据价值判断进行确定，将资源和注意力集中在对创造最大价值有重要影响的活动和决策上。

第四，持续评估和优化。关注价值是一个持续的过程。在项目或组织的整个生命周期中，需要不断评估和优化活动和决策的关注价值程度。这可能需要监测 KPIs 的表现，与利益相关者进行沟通和反馈，以及灵活调整战略和计划。

通过关注价值，项目和组织能够明确目标、优化资源配置、提高绩效，并确保所有活动和决策都与创造最大价值紧密相关。这有助于提高项目和组织的竞争力，并为利益相关者提供更好的价值和满意度。

（二）创造者与利益相关者的参与

资金配置是一个需要广泛参与和合作的过程。项目或组织的创造者以及与其相关的利益相关者都应该参与到资金配置中，以确保他们的需求和期望得到充分考虑。以下是关于利益相关者参与的一些重要方面。

第一，沟通和协作。与利益相关者进行积极的沟通和协作是资金配置的核心。这包括建立沟通渠道、组织会议、分享信息和结果等。通过及时、透明和有效的沟通，可以确保利益相关者了解项目或组织的目标、计划和进展，并能够提供反馈和意见。

第二，利益相关者参与决策。资金配置要求利益相关者参与决策过程。这意味着在制定决策之前，需要征求利益相关者的意见、建议和观点。他们的经验和知识可以为决策提供有价值的信息，并帮助确保决策与利益相关者的利益相一致。

第三，利益相关者利益平衡。在资金配置过程中，需要平衡不同利益相关者的需求和期望。不同利益相关者可能有不同的利益和优先级，因此需要仔细权衡各方的利益，并找到可接受的解决方案。这可能需要通过磋商、妥协和寻求共赢的方式来解决潜在的冲突。

第四，利益相关者参与监督和评估。利益相关者应该参与项目或组织的监督和评估过程。他们可以提供独立的观察和评价，确保项目或组织的绩效符合预期，并促进透明度和问责制。

通过有效的利益相关者参与，可以提高项目或组织决策的质量，增强决策的合法性和可接受性。此外，利益相关者的参与还可以增加对项目或组织的支持和共识，减少冲突和阻力，为项目或组织的成功提供有力的支持。

总之，资金配置需要广泛地参与和合作，确保利益相关者的需求和期望得到充分的考虑，并与他们一起共同决策和评估。这有助于建立良好的利益相关者关系，提高决策的质量和可接受性，并最终实现项目或组织的成功。

（三）持续改进

持续改进是资金配置的重要原则之一，它强调不断追求改进和优化，以提高项目或组织的价值创造能力。通过持续改进，可以不断提升绩效、降低成本、提高效率，并增加对利益相关者的价值。

第一，定期审查和评估。持续改进要求定期审查和评估项目或组织的绩效。这可以通过制定明确的绩效指标和目标，定期收集和分析数据来实现。审查和评估的目的是识别当前存在的问题和机会，为改进提供依据。

第二，问题识别和解决。持续改进需要识别和解决项目或组织中存在的问题。这可能涉及使用问题解决工具和技术，如根本原因分析、鱼骨图、5W1H法等，以帮助理解问题的本质，并制定相应的解决方案。解决问题的过程中，应该追求持久的解决效果，而不是简单地应对表面症状。

第三，机会利用和创新。持续改进也关注寻找和利用项目或组织中存在的机会。这包括通过市场调研、竞争分析等手段，识别市场需求和潜在的机会，并采取相应的创新措施来满足这些需求和利用机会。持续改进还鼓励对工作流程、产品和服务进行创新，以提高效率和质量，增加竞争力。

第四，PDCA 循环。PDCA 循环（Plan-Do-Check-Act）是一个常用的持续改进工具。它包括制订计划（Plan）、执行计划（Do）、检查结果（Check）和采取行动（Act）的循环过程。通过不断循环执行 PDCA，可以实现持续改进的目标，逐步提高绩效和价值创造能力。

持续改进是一个不断进行的过程，要求持续关注和努力。它需要建立一种文化和环境，鼓励员工提出改进意见、分享经验，并为他们提供必要的培训和资源。持续改进也需要领导层的支持和承诺，以确保改进行动的执行和效果的监控。

通过持续改进，项目或组织可以不断提高绩效、满足利益相关者的需求，并在竞争激烈的市场中取得持续的竞争优势。

（四）整体系统思维

整体系统思维是资金配置的关键原则之一。它要求将活动和决策视为整体系统的一部分，考虑它们之间的相互关系和影响。这意味着避免只关注局部优化，而忽视整体效益。在项目管理中，整体系统思维可以促使项目经理考虑不同项目要素之间的相互作用，例如范围、时间、成本、质量和风险之间的平衡。

在传统的项目管理中，往往存在一种片面追求局部目标的倾向。例如，项目经理可能会过度关注时间进度，导致质量受损，或者过度关注成本控制，导致项目范围缩减。这种片面追求短期目标的做法往往无法实现长期的项目价值和组织目标。相反，整体系统思维鼓励项目经理综合考虑各个要素之间的相互关系，以实现更好的综合效益。

整体系统思维要求项目经理意识到各个项目要素之间的相互依赖和影响。例如，项目范围的变化可能会对时间进度、成本和风险产生影响。项目经理需要在不同要素之间进行平衡，以最大程度地实现整体目标和价值。这可能意味着在范围变更时重新评估时间进度和成本，或者在风险管理中考虑质量要求。整体系统思维还可以帮助项目经理识别潜在的正反馈循环和负反馈循环，从而更好地预测和管理项目的动态。

通过应用整体系统思维，项目经理可以更好地理解项目的综合效益，并做出更明智的决策。这种综合性的思维方式有助于避免局部优化带来的副作用，并使项目能够在更大范围内实现成功。此外，整体系统思维也有助于提高项目团队的协作和沟通，因为团队成员需要共同理解整体系统，并在各自的工作中考虑整体效益。

综上所述，整体系统思维是项目管理中的关键原则之一，它要求将活动和决策视为整体系统的一部分，综合考虑不同项目要素之间的相互关系和影响。通过应用整体系统思维，项目经理能够更好地实现项目的长期价值和组织目标。

（五）数据驱动决策

数据驱动决策是资金配置的重要原则。它要求基于可靠的数据和信息做出决策，而不是凭主观判断或猜测。这需要收集、分析和解释数据，以获得对项目或组织的准确和全面的了解。

数据驱动决策的第一步是收集相关的数据。这可以包括内部数据（如项目执行数据、财务数据、绩效数据）和外部数据（如市场数据、竞争数据、行业趋势数据）。数据收集的过程需要确保数据的准确性、可靠性和完整性。这可以通过使用科学方法进行数据采集和验证，并确保数据采集过程的可靠性和一致性。

收集到的数据需要进行分析和解释，以提取有用的信息和见解。数据分析可以采用统计方法、数据挖掘技术、可视化工具等。通过分析数据，可以发现潜在的模式、趋势和关联性。这有助于揭示问题的根本原因、发现潜在机会，并支持决策的制定和评估。

数据驱动决策还要求对数据进行解释和解读，以确保决策者对数据的含义和影响有清晰的理解。这包括解释数据的背景、关键指标和假设，并提供对决策的启示和建议。数据的解释应该以简明易懂的方式呈现，以便决策者能够理解和应用数据来做出明智的决策。

数据驱动决策的好处是显而易见的。首先，通过基于可靠的数据做出决策，可以降低决策的风险和错误。数据提供了客观的依据，减少了主观判断和偏见的影响；其次，数据驱动决策可以提高决策的准确性和可信度。数据提供了实际情况的反映，使决策者能够更好地了解项目或组织的状况和挑战。通过分析数据，可以发现潜在的改进和优化点，并制订相应的行动计划。

然而，数据驱动决策也需要注意一些挑战和限制。数据的质量和可靠性是关键因素。如果数据不准确、不完整或不可靠，就会导致错误的决策。因此，在数据收集和分析过程中，需要确保数据的质量控制和验证。此外，数据驱动决策还需要综合考虑其他因素，如经验、专业知识和组织文化等。数据只是决策的一个重要参考，而不是唯一的决策依据。

综上所述，数据驱动决策是资金配置的重要原则。它要求基于可靠的数据和信息做出决策，通过数据的收集、分析和解释来提高决策的准确性和可信度。数据驱动决策可以减少风险和错误，为项目或组织提供更好的价值创造机会。然而，数据驱动决策需要注意数据质量和综合考虑其他因素的挑战。

（六）持续沟通和透明度

持续沟通和透明度是资金配置的重要原则之一。它要求与项目或组织的创造者和利益相关者之间保持开放和透明的沟通。这包括分享信息、决策结果和进展情况，确保所有相关方对项目或组织的目标、计划和变化有清晰的认识。

持续沟通意味着定期与相关方进行沟通，不仅仅是在特定的里程碑或问题出现时。这可以通过各种沟通渠道实现，如会议、报告、电子邮件、社交媒体等。沟通内容应该包括项目或组织的目标、战略、计划、进展、风险和机会等关键信息。同时，也要倾听和回应相关方的意见、问题和反馈，确保双向的沟通和理解。

透明度是指向相关方提供清晰、准确和全面的信息。这意味着不隐瞒或掩盖重要信息，而是主动公开与项目或组织有关的关键决策、结果和数据。透明度有助于建立信任和共享责任，让相关方感到被尊重和参与。通过透明度，可以减少猜测、传闻和误解，促进合作和共同努力。

持续沟通和透明度的好处是多方面的。首先，它建立了信任和合作关系。当相关方感到他们得到了充分的信息和参与时，他们更倾向于支持和参与项目或组织的目标。其次，持续沟通和透明度有助于减少误解和冲突。通过共享信息和意见，可以更好地理解各方的期望和需求，从而减少冲突和不一致。此外，持续沟通和透明度还能够提高决策的质量和可接受性。通过与相关方进行积极的沟通，可以获得更广泛的视角和建议，从而做出更明智的决策。

然而，实施持续沟通和透明度也面临一些挑战。首先，沟通和信息共享需要耗费时间和资源。确保及时、准确和全面的信息传递需要适当的沟通渠道和工具，并进行适度的管理和协调。其次，透明度可能涉及敏感信息的披露和处理。在透明度的原则下，需要平衡信息披露的需求和相关方的隐私、竞争等考虑因素。

综上所述，持续沟通和透明度是资金配置的重要原则之一。它要求与项目或组织的创造者和利益相关者之间保持开放和透明的沟通，分享信息、决策结果和进展情况。通过持续沟通和透明度，可以建立信任、减少误解和冲突，并增强各方的参与和合作。

（七）持续学习和知识分享

持续学习和知识分享是资金配置的重要原则。它鼓励项目经理和组织成员从经验中学习，并将这些经验应用于未来的项目或组织中。这包括总结经验教训、分享最佳实践和知识，以提高整体的价值交付能力。

持续学习意味着项目经理和组织成员不断地从项目和工作中获取经验教训，并将其转化为有益的学习机会。这可以通过定期的项目回顾会议、评估和评估报告等方式来实现。在这些活动中，团队成员可以回顾项目的成功和挑战，识别成功的因素和教训，并提出改进的建议。通过反思和学习，项目经理和团队可以发展出更好的实践和方法，以应对未来类似的情况。

知识分享是将学习和经验传递给其他项目经理和组织成员的过程。这可以通过内部培训、工作坊、知识库、经验分享会等方式来实现。在知识分享过程中，项目经理和组织成员可以分享他们的成功案例、挑战、解决方案和技巧。

这有助于传递有价值的知识和经验，并促进组织内部的合作和学习文化。

持续学习和知识分享的好处是显而易见的。首先，它促进了个人和团队的成长和发展。通过从经验中学习，项目经理和团队成员可以不断提高他们的技能和专业知识，从而更好地应对日益复杂和多变的项目环境。其次，持续学习和知识分享可以提高项目或组织的绩效和竞争力。通过分享最佳实践和知识，可以避免重复错误，加快问题解决和创新过程，提高价值交付的效率和质量。此外，持续学习和知识分享还有助于建立学习型组织的文化，鼓励员工不断学习、创新和改进。

然而，实施持续学习和知识分享也面临一些挑战。首先，它需要投资时间和资源。学习和知识分享需要人们抽出时间参与培训、会议和分享活动，并可能需要建立和维护知识管理系统和平台；其次，知识分享需要建立开放和合作的文化。组织成员需要愿意分享他们的经验和知识，并愿意从他人那里学习。此外，知识分享还需要适当的沟通和协调机制，以确保知识的传递和有效利用。

综上所述，持续学习和知识分享是资金配置的重要原则。通过持续学习和知识分享，可以不断改进和创新，提高项目或组织的绩效和竞争力。然而，实施持续学习和知识分享需要解决时间、资源、文化和沟通等挑战。

三、资金配置的环境

（一）资金配置的外部环境

1．法律环境

企业的资金运动，无论是筹资、投资还是利润分配，都要和企业外部发生经济关系。企业在处理这些经济关系时，应当遵守有关的法律规范。

（1）企业组织法律规范。组建不同的企业组织，要依照不同的法律规范。它们主要包括《中华人民共和国公司法》《中华人民共和国合伙企业法》和《中华人民共和国个人独资企业法》等。这些法律规范为建立公司制企业、合伙制企业、业主制企业提供了企业组织法和企业行为法。

（2）税收法律规范。有关税收的立法分为三类：所得税的法规、流转税的法规、其他税的法规。由于税负是企业的一种费用，会增加企业的经济利益流出，所以对企业价值活动有重要影响。企业财务人员必须精通其所在企业所涉及的各项税法条款，避免工作失误造成损失。税负的减少，只能靠精心安排和筹划投资、筹资和利润分配等财务决策，而不允许在纳税行为已经发生时去偷税漏税。

（3）财会法律规范。对于企业而言，会计法律规范有《企业会计准则》或《小企业会计准则》，财务法律规范有《企业财务通则》。《企业财务通则》对企业财务管理体制、资金筹集、资产运营、成本控制、收益分配、重组清算、信息管理、财务监督作出了指导性规定。企业应当根据《企业财务通则》的规定，设计适合本企业的内部财务制度。

（4）其他法律规范。其他法律规范主要包括结算法律规范、合同法律规范、环境保护法律规范、证券法律规范等。

2. 金融市场环境

金融市场是资金的供应者与资金需求者通过金融工具融通交易资金的场所，其包括金融市场参加者、金融工具、交易场所三要素。

（1）金融市场参加者。金融市场的参加者是金融交易的主体，包括居民、企事业单位、政府、金融机构和中央银行五类。

在金融市场中，金融机构向资金需求方提供资金，同时又广泛吸收存款，并发行有价证券进行筹资。金融机构包括商业银行和非银行金融机构。非银行金融机构是指证券公司、保险公司等银行系统之外的从事金融业务的机构。证券公司作为证券市场的媒介，可以接受证券发行者的委托，办理或代理有价证券的认购、发行、销售等业务。保险公司则在吸收保险费的同时，还需要将所吸收的大量资金投放到安全的金融资产上。

中央银行作为银行的银行是金融市场资金的最终提供者，同时又是金融市场的直接管理者。中央银行代表政府根据经济形势的变化，出台适当的政策措施，以指导、规范、监督金融市场的运行。

（2）金融工具。金融工具是指融通资金双方在金融市场上进行资金交易、转让的工具，借助金融工具，资金从供给方转移到需求方。其具有一般资产的属性，包括收益性、风险性和流动性。

金融工具分为基本金融工具和衍生金融工具两大类。常见的基本金融工具有货币、票据、债券、股票等。衍生金融工具又称派生金融工具，是在基本金融工具的基础上通过特定技术设计形成的新的融资工具，如各种远期合约、互换、掉期、资产支持证券等，种类非常复杂、繁多，具有高风险、高杠杆效应的特点。

金融工具可以按照参与者的目的不同分为两类：一是为筹资、投资而设计的金融资产（包括股票、债券、借款合同等）；二是为保值、投机而设计的金融资产（包括期货、期权等）。

（3）交易场所。金融交易场所包括证券交易所和店头交易场所，也包括有形市场的交易场所和无形市场的交易场所。在不同的交易场所进行资金交易的法律手续不同、交易条件不同、交易成本不同，交易的数量和完成交易的时间也有差别。参加交易的企业应当慎重选择适合自身情况的交易场所，以节约交易费用，加快交易进程。

金融市场环境对资金配置工作的影响主要有三点：①对筹资工作的影响。如果市场利率上升，意味着债券的发行成本提高，或者导致证券市场下跌，会使企业融资数额减少。②对投资工作的影响。如果市场利率上升，股东和债权人都会对所投资的企业有较高的投资收益期望，增加企业投资压力。③对利润分配的影响。如果市场利率上升，证券价格下跌，在企业对外筹资困难的情况下，企业有可能减少现金股利的分配，提高留存收益，有可能产生不利影响。

3．社会经济环境

影响资金配置的经济环境因素主要包括经济周期、经济发展水平和经济政策等方面。

（1）经济周期。市场经济条件下，经济发展与运行具有一定的周期性。在不同的经济周期，企业应相应采用不同的资金配置策略。

（2）经济发展水平。我国正处于经济高速增长的阶段，这就给企业扩大规模、调整方向、打开市场，以及拓宽财务活动的领域带来了机遇。同时，由于高速发展中的资金短缺将长期存在，又给企业资金配置带来严峻的挑战。因此，企业管理者必须探索与经济发展水平相适应的财务管理模式。

（3）经济政策。一个国家的经济政策，如经济发展计划、国家的产业政策、财税政策、金融政策、外汇政策、外贸政策、货币政策及政府的行政法规等，对企业的价值活动都有重大影响。

作为企业的管理者，应当认真研究政府的经济政策，更好地为企业的经营理财活动服务。

（二）资金配置的内部环境

1．财务管理体制

概括地说，企业财务管理体制可分为三种类型。

（1）集权型财务管理体制。集权型财务管理体制是财务控制权、支配权高度集中的财务管理体制。企业的各项财务权限都集中于企业最高管理当局；企业的中下层管理者没有任何财务决策权，只有被授予的具体事项的执行权限。这种管理体制的优点在于：企业内部的各项决策均由企业最高管理当局制定和部署，企业内部可充分展现其一体化管理的优势，利用企业的人才、智力、信息资源，努力降低资金成本和风险损失，使决策的统一化、制度化得到有力的保障。采用集权型财务管理体制，有利于在整个企业内部优化配置资源，有利于实行内部调拨价格，有利于内部采取避税措施及防范汇率风险，等等。它的缺点是：可能会使各所属单位缺乏主动性、积极性，也可能因为决策程序相对复杂而失去适应市场的弹性，丧失市场机会。

（2）分权型财务管理体制。分权型财务管理体制是指企业将财务决策权与管理权分散到各所属单位。这种管理体制的优点是：由于各所属单位负责人有权对影响经营成果的因素进行控制，有利于针对本单位存在的问题及时做出有效决策，因地制宜地搞好各项业务，也有利于分散经营风险。它的缺点是：各所属单位往往从本位利益出发安排财务活动，缺乏全局观念和整体意识，从而可能导致资金管理分散、资金成本增大、费用失控、利润分配无序。

（3）集权与分权相结合型财务管理体制。集权与分权相结合型财务管理体制，其实质就是集权下的分权，企业对各所属单位在所有重大问题的决策与处理上实行高度集权，各所属单位则对日常经营活动具有较大的自主权。

集权与分权相结合型财务管理体制意在以企业发展战略和经营目标为核

心，将企业内重大决策权集中于企业总部，而赋予各所属单位自主经营权。其主要特点是：①在制度上，企业内应制定统一的内部管理制度，明确财务权限及收益分配方法；各所属单位应遵照执行，并根据自身的特点加以补充。②在管理上，利用企业的各项优势，对部分权限集中管理。③在经营上，充分调动各所属单位的生产经营积极性。各所属单位围绕企业发展战略和经营目标，在遵守企业统一制度的前提下，可自主制定生产经营的各项决策。为避免配合失误，明确责任，凡需要由企业总部决定的事项，在规定时间内，企业总部应明确答复，否则，各所属单位有权自行处置。

集权与分权相结合型的财务管理体制，吸收了集权型和分权型财务管理体制各自的优点，避免了二者各自的缺点，从而具有较大的优越性。

总结我国企业的实践，集权与分权相结合型财务管理体制的核心内容是企业总部应做到制度统一、资金集中、信息集成和人员委派。具体应集中制度制定权，筹资、融资权，投资权，用资、担保权，固定资产购置权，财务机构设置权，收益分配权，分散经营自主权，人员管理权，业务定价权，费用开支审批权。

2．企业内部财务管理制度

企业内部财务管理制度是企业财务工作的"内部法规"，是针对企业自身特点和管理要求所制定的财务管理工作的遵循依据。无论企业规模大小，都必须建立内部财务管理制度，以作为企业开展各项财务工作的规范依据。

一般情况下，企业内部财务管理制度需要做出相关规范：①明确管理主体的权责分工；②明确企业的各项财务关系；③明确企业内部财务管理基础工作的各项要求；④明确资金筹集的管理制度；⑤明确各类资产管理制度；⑥明确对外投资管理制度；⑦明确成本、费用的管理制度；⑧明确收入的管理制度；⑨明确企业利润及其分配管理制度；⑩明确财务报告与财务评价制度。

第二节 资金配置与企业成本会计的关系探讨

一、资金配置与企业成本会计的区别

"在全球化经济不断发展的背景下，我国企业想要实现可持续发展目标，不仅要具备充分适应时代发展特征的能力，而且还要对传统管理模式进行全面改革。基于价值的企业管理模式凭借自身具有的多元化优势，得到了企业的重点关注，不仅能够发挥出比传统利润最大化企业管理模式更多的潜力，而且还能提高企业竞争能力，使企业在激烈的市场环境中站稳脚跟。"资金配置与企业成本会计是管理会计领域中的两个重要概念，它们在企业管理中发挥着不同的作用。

（一）定义和目标

资金配置：资金配置关注的是企业创造和提供价值的能力。它强调企业在产品或服务提供过程中创造的经济效益，并致力于优化价值链的各个环节，以实现企业整体绩效的最大化。

企业成本会计：企业成本会计主要关注企业资源的支出和使用情况，以计量和记录企业生产和经营活动的成本。其目标是提供有关成本信息的准确和可靠的数据，帮助管理者进行成本控制、决策和绩效评估。

（二）信息需求

资金配置：资金配置需要全面了解企业价值链中的每个环节，并对其进行分析和评估。它关注企业创造和交付价值的过程，需要有关价值链各环节的详细信息，包括成本、效率、质量、时间等方面的数据。

企业成本会计：企业成本会计需要提供与企业生产和经营活动相关的成本信息。它关注的是企业资源的使用情况，包括原材料成本、人工成本、间接费用等。成本会计提供了与产品或服务生产相关的成本数据，以支持决策和绩效评估。

（三）目标导向

资金配置：资金配置的目标是优化企业整体价值链，实现企业的战略目标和利润最大化。它强调通过降低成本、提高效率、提供优质产品或服务来增加企业的竞争优势和市场份额。

企业成本会计：企业成本会计的目标是提供准确的成本信息，帮助管理者控制和管理成本，并支持决策制定过程。它主要关注成本的计量、分类和分配，以提供决策所需的成本数据。

综上所述，资金配置和企业成本会计在企业管理中具有不同的角色和目标。资金配置关注企业整体价值链的优化和价值创造，而企业成本会计提供与成本相关的信息，支持成本控制和决策制定。它们在企业管理中可以相互支持和补充，共同促进企业的可持续发展和竞争优势。

二、资金配置与企业成本会计的关系体现

资金配置和企业成本会计在实践中是相互关联的，它们共同助力于企业的发展和管理。资金配置和企业成本会计的关系体现在以下几个方面。

第一，目标一致性。资金配置和企业成本会计的目标在某种程度上是一致的。资金配置追求最大化股东价值和企业绩效的提高，通过有效的资源配置和成本控制来实现这一目标。而企业成本会计则关注成本的控制和效益的提高，通过成本数据的收集和分析，帮助企业管理者进行成本控制和资源配置的决策。两者共同努力，使企业能够在资源有限的情况下，以最低的成本实现最大的价值。

第二，数据共享。资金配置和企业成本会计都需要相关的数据支持。资金配置需要了解企业的价值链和价值创造过程，以便确定价值创造的关键环节和优化策略。而企业成本会计则需要准确的成本数据，包括直接成本、间接成本、固定成本、变动成本等，以便进行成本效益分析和决策支持。通过数据的共享，资金配置和企业成本会计可以相互支持和补充，提高决策的准确性和有

效性。

第三，决策支持。资金配置和企业成本会计为企业管理者提供决策支持。资金配置通过价值链分析和价值驱动的绩效管理，帮助管理者了解企业价值创造的关键环节和影响因素，从而指导战略制定和资源配置。管理者可以根据资金配置和企业成本会计提供的信息，优化资源配置，降低成本，提高效益，从而实现企业的长期发展目标。

第四，绩效评估。资金配置和企业成本会计都与绩效评估密切相关。资金配置通过绩效指标和绩效评估体系，评估企业的价值创造和绩效改善情况。资金配置的绩效评估可以帮助企业了解自身在价值链中的位置和价值创造的贡献，从而调整战略和资源配置。而企业成本会计通过成本效益分析和成本控制的评估，评估企业的成本效益和资源利用情况。绩效评估可以帮助企业管理者监控成本状况，找出成本效益不高的环节，并采取相应的措施进行改进。

综上所述，资金配置和企业成本会计在实践中相互关联，通过目标一致性、数据共享、决策支持和绩效评估等方面的协同作用，共同助力于企业的发展和管理。它们相互支持和补充，使企业能够实现最大化的股东价值和绩效提升。

第三节　现代资金配置会计体系的构建

一、资金配置会计的基本思想

（一）资金配置会计及其特征

资金配置会计体系是基于资金配置的管理会计体系，即基于股东对价值最大化的利益诉求，支持企业经营管理者在股东目标的基础上进行企业经营管理决策的会计信息系统。

资金配置会计具有三个特征：①资金配置会计体系仍然是支持企业经营管理决策的信息系统；②资金配置会计体系的构建前提是资金配置，即满足股东价值最大化的利益诉求；③资金配置会计体系提供的信息是以股东的利益诉求为基础的，即企业经营管理者运用信息做出的决策不是主观的，而是在股东的客观需求下形成的。

（二）资金配置会计体系的定位与目标

资金配置会计体系是以现有的管理会计体系为基础，结合资金配置思想和企业价值的量度要求建立起来的。资金配置会计体系的定位体现在以下三个方面：

首先，现有的管理会计体系具备理论方法上的可行性和实践基础，其基本结构依然是资金配置会计体系的主要框架。

其次，资金配置会计体系在决策支持和信息提供过程中以资金配置思想为基础，更多地考虑了股东价值最大化这一因素。

最后，资金配置会计体系结合最能反映股东利益诉求的企业价值量度指标，根据企业价值的驱动因素分析结果，对应现有管理会计体系在上述驱动因素当中的驱动路径，对现有管理会计体系的结构进行强化，对重要的价值环节加以强调，同时对管理理论和方法加以完善和补充。

资金配置会计体系的构建目标是完善和发展现有管理会计体系，辅助实现企业价值最大化，构建企业资金配置决策信息系统，促进价值型企业组织的建设和企业价值文化的发展。其中体系的完善和发展是基础，价值决策信息系统的构建是核心，价值型组织建设和发展企业价值文化是终极目标。

（三）资金配置会计体系的内容框架

根据现有管理会计体系的经典框架，结合资金配置的要求和企业价值度量的基本分析，资金配置会计体系以企业价值为主线，其具体内容包括以下七项：

第一，价值分析，分析企业价值关键驱动因素及相关指标变动对企业价值的影响。

第二，价值预测，预测企业中长期的价值发展成果，进行价值规划。

第三，价值决策，根据企业价值预测的具体结果，做出企业的相关管理决策；第四，价值预算，反映影响企业价值的各项预算计划。

第五，价值控制，构建企业产品价值、经营过程以及资产管理的控制制度。

第六，价值评价，反映企业各责任中心的价值创造成果，通过考评的形式改进企业经营活动。

第七，价值激励，反映对价值创造实体的奖惩、利益相关者的利益分配以及企业价值的留存与循环过程。

资金配置会计体系继承管理会计体系的基本分析框架，根据资金配置的要求，对各个环节的理论和方法进行重构，最终形成符合资金配置要求、反映企业价值发展状况的管理会计信息系统。

二、资金配置会计的理论和方法体系

（一）资金分析

资金分析是对影响企业资金的关键驱动因素进行的定性和定量分析。虽然影响企业资金的具体指标因企业的性质和经营情况各有不同，但是影响不同企业资金大小的因素都可以划分为营业收入、成本费用、资本占用、资产管理、项目投资等关键资金驱动因素。资金分析是对这些关键驱动因素的定性和定量描述，通过分析这些驱动因素的共同资金特征，探究其对企业资金的影响方向和程度，为不同企业对这些因素进行细化、进行特定的资金分析提供理论和方法依据。资金分析包括营业收入分析、成本费用分析、资本运营分析、资产使用分析和项目投资分析等具体内容。

1. 营业收入分析

营业收入是企业资金的主要来源。对于生产销售产品的一般企业而言，企业的营业收入由产品销售价格和销售数量共同决定，保证在较高的销售价格基础上实现最大化的产品销售是企业收入管理的基本目标。一方面，企业需要考虑产品定价对企业资金的影响：过低的定价会毁损企业资金，而过高的定价水平会限制企业当期的销售水平，甚至影响企业产品的长期销售，因此企业需要综合考虑各种因素制定企业的定价和销售政策。另一方面，合理的产品布局是企业提高销售水平的关键，分析不同产品销售情况对企业资金的贡献和影响程度，能够使企业对产品的市场表现有基本的定性和定量认识，从而确定合理的产业布局，为企业提升资金打好基础。

2．成本费用分析

成本费用是企业资金的主要减项。根据企业的生产经营性质，可以将成本费用划分为生产性成本费用、经营性成本费用两类。生产性成本费用是为生产产品而发生的各项成本费用支出，是企业产品实体形成过程中的主要费用开支，包括产品的生产成本、设备的折旧费用，在保证产品功能和质量的基础上尽可能减少生产性成本费用的开支是确保企业资金实现的基本方法。

经营性成本费用是企业为当前及以后期间的生产经营活动而发生的各项费用支出，是企业持续经营、实践资金配置的主要费用开支，包括企业的各项期间费用（销售费用、管理费用、财务费用等），一方面节约上述费用开支有助于企业提升当期资金，另一方面当期费用的提升在很大程度上又是为了保证企业当前及长远资金总体的最大化，为此企业必须分析成本费用的具体性质，本着提升企业总体资金的原则，开展费用支出及生产经营活动的规划分析，为后续资金预测及合理地制定预算计划奠定基础。

3．资产使用分析

资产使用分析是对企业当前资产占用的效率和效果进行的分析，其目的是提高当前资本的利用效率，提升企业的资金创造水平，具体包括资产总量和结构分析、资产使用效率分析及资产资金贡献分析三部分内容。资产总量和结构分析是对企业资产的资金分布进行的基础分析，明确资产布局和占用的基本情况能够使企业从总体上把握企业的资产使用情况，更好地优化资源配置。资产使用效率分析主要是对各项资产的周转和利用状况进行的分析，通过分析可以反映企业各种资产的资金创造水平和利用效率，是企业营运能力和资金创造能力的具体体现。资产资金贡献分析是根据各种资产的不同属性以及资产运行和创造资金的各种指标，对各项资产在资金创造过程中的贡献进行的具体评价，是企业进行具体资产管理活动的基本依据，进行资产资金贡献分析有助于企业在资产布局和运营效率分析的基础上分析各项资产的资金动因，提升企业资产的资金创造效能，从根本上推动企业资产管理和资金创造活动的不断升级和发展。

4．资本运营分析

资本运营分析是对企业资本规模、结构及使用成本等主要指标进行的相关分析，这些指标决定了企业资金计量模型中资本占用、加权平均资本成本率等重要指标，是影响企业当前营运、未来成长及总体资金的重要分析内容。资本规模分析主要是对企业现有资本总量及未来可增加和利用的资本总量进行的分析，这些资本为企业资金确定了总体的资金范围，是企业资金产生的基础。资本结构分析主要是对企业资本中负债资本与权益资本的资金构成和目标比例等关键问题进行的分析和研究，有助于明确企业资本的来源构成及目标资金结构，为企业开展资本运营活动提供依据。资本成本分析是对企业资本的总体成本进行的分析，是衡量企业资金过程中必须考虑的重要内容，只有准确描述负债资本、股权资本及企业全部资本的成本才能确定企业的真实资本成本，从而确定企业的资本成本目标，准确地计量企业资金，为改进企业的资本运营活动作出贡献。

5．项目投资分析

项目投资分析是对企业的产品和经营项目运行的基本情况进行的分析，包括总体情况分析、资金绩效分析以及具体项目评价等内容。总体情况分析主要描述企业各个时期在各类项目中的总体投入，分析投资的总体规模和资金绩效完成情况，是企业总体投资规划的重要参考。资金绩效分析是根据各项项目投资的规模和不同的资金分析指标，对项目投资的资金绩效进行的定性和定量描述，有助于企业按照资金绩效标准加强项目管理与控制，提升项目的运作效能。具体项目评价是各部门针对具体的投资项目开展的资金分析，依据各类项目总体的资金标准，具体衡量每个项目的实际表现，并改进部门的项目运作，是对企业项目投资总体规模分析和资金绩效分析的进一步细化，有利于项目资金配置的责任落实和实践开展，对企业持续开展项目投资资金配置具有基础作用和实践意义。

（二）资金预测

资金预测是企业为规划和衡量企业资金发展情况而做的各种预测。根据企业资金配置的需要，资金预测包括当前营运资金预测和未来成长资金预测两部分，分别选取影响企业资金的关键驱动因素对应的相关指标，根据已结束的经营期的实际经营成果和企业对不同指标增减变动的预期预测企业未来一段时期内各项指标的变动情况，形成企业中长期（一般为一个经济发展周期，通常为五年）发展规划，为企业的生产经营活动提供参考依据。

1. 当前营运资金预测

企业当前营运资金预测包括营业收入预测、营业成本预测和资产使用情况预测三方面内容。营业收入预测涉及企业各种产品的销售价格和销售量两个指标，在对每种产品进行预测的基础上可以汇总得出企业预期的营业收入总额和销售总额以及具体结构，能够帮助企业进行生产和销售决策分析，制定合理的营业计划。营业成本预测分别对企业的生产性成本费用和经营性成本费用展开预测，按照影响企业资金的层次归集当前营运资金的成本费用数据，与营业收入的相关指标相配比。通过各项指标的预测，企业最终能够汇总得出当前营运资金的形成路径和预测体系，据此进行有关的决策和预算工作。资产使用情况预测包括预计各部门各项资产的资金总量、利用资产创造的资金总量以及各类资产的资金创造标准和资金目标等内容，体现企业利用现有资产创造资金的能力，是企业当前营运资金在资产管理能力方面的重要体现。

2. 未来成长资金预测

企业的未来成长资金预测包括资本运营情况预测和项目投资预测两方面内容。资本运营情况预测包括企业资本规模、结构及资本成本构成情况等规划内容。项目投资预测涉及预计通过项目运作获得的收入、发生的与项目资产和经营管理相关的各项成本费用以及预期给企业带来的资金流入（预期 EVA 折现值）等内容。

3. 企业总资金预测

企业总资金预测是通过当前营运资金预测和未来成长资金预测得到反映企业资金创造综合能力的企业总资金的预测过程，是企业短期决策与长期决策、当前资金与长期资金水平和能力的综合体现。在企业总资金预测过程中，主要采用当前营运资金预测和未来成长资金预测中的分析指标，重点反映企业的资金流入、资产使用情况和资本运营状况，评估企业利用资本和资产创造资金的综合能力。

（三）资金决策

资金决策是企业在开展资金配置活动过程中，以资金创造指标为核心，分析企业各项经济决策和行为对资金目标的影响，从而以增加企业资金为目的开展的各项生产经营和管理决策活动。资金决策一方面着眼于企业资金成果的最大化，另一方面着眼于企业资源的优化配置和高效利用，既能为企业开源节流，又能提高资源使用效率、利用效能和作用效果，为企业的资金发展提供动力。资金决策包括资金成果导向决策和资源利用导向决策两大类。

1. 资金成果导向决策

资金成果导向决策的目的是为企业开源节流，引导企业经营活动向资金成果最大化的方向进行，最大限度地实现企业经营的资金成果，保全企业资金。资金成果导向决策包括收入管理决策、成本费用管理决策等主要内容。

（1）收入管理决策。收入管理决策是为了提升企业的资金流入水平。一方面，在企业产品销售价格高于产品成本时，销售量的不断增加促进了收入的增长；另一方面，产品成本过高会导致企业入不敷出，在这种情况下企业资金会发生毁损。因此，收入管理决策的主要内容是：努力提高产品销售价格，在单位产品取得正收益的基础上，不断提高产品的销售量，实现企业收益和资金的最大化。

（2）成本费用管理决策。成本费用是企业资金的抵减项，不仅消耗了企业的资源，而且制约着产品销售量提升对企业资金的作用方向和贡献程度。成本费用管理决策的总体原则是实现经济实质状态下资金流入净额的最大化：对于只计入当前经营期间的成本费用来说，能使当期费用总额最小或是能保证单位产品收益最大就可以实现决策目标；而对于影响多个经营期间的成本费用来说，企业应当先按照成本费用发生的经济实质确认其归属的经营期间，把长期作用的成本费用按照资金创造的基本原则当期化，然后再按照单期发生的成本费用进行相关的决策管理。

2. 资源利用导向决策

资源利用导向决策的目的是挖掘企业资金创造的潜力和动力，引导企业的经济行为向不断提高资源利用效率的方向发展，形成资源总量、资源利用效率、资源作用效果不断提升的资金发展路径，从而奠定企业资金提升的坚实基础。企业还需要将资源管理与组织管理相结合，落实各部门权利义务关系，形成企业资金发展的体制机制，确保决策目标的贯彻落实。资源利用导向决策包括资产管理决策、资本管理决策和项目投资决策等三方面内容。

（1）资产管理决策。资产管理决策的着眼点是减少闲置资产总量，提高资产利用效率和作用效果，提高资产的资金创造能力。针对固定资产而言：①确定不同资产的使用部门，明确其权责关系和资金目标，同时便于企业对闲置资产进行统一管理和调度；②确定不同资产的资金创造标准，明确与资产相关的资金流入和流出的关系，更好地衡量企业的资产管理和资金创造水平。对于流动资产来说，一方面，需要根据其使用部门进行定额和权责管理，确定各部门现金、存货、应收账款的保有数量；另一方面，流动资产的资金创造水平视不同部门的周转效率和经营特性而定，因此流动资产管理决策还应突出各营运部门的资金特性，根据不同的现金、存货和应收账款周转效率选择适合的最佳持有量估计模式，制定相应的管理决策。

（2）资本管理决策。资本管理决策是由企业最高管理层制定的事关企业总体发展的决策内容，其总体原则是确定恰当的资本规模、优化资本结构、尽可能降低资本成本。首先，适应企业既定资金发展水平的资本规模是有一定水平限制的，过高的资本规模会导致资源闲置，发生不必要的成本支出；其次，企业需要保持符合自身资金发展目标稳定的资本结构，同时避免自身和外界因素导致的资本问题对企业资金创造活动产生的不利影响；最后，引入优质低廉的资本、提高资本周转效率是降低企业资本成本、提高企业资金的重要途径，也是企业资本管理决策需要长期关注的重点内容。

（3）项目投资决策。项目投资决策是企业总体和各业务部门对所参与的投资项目进行的全过程资金评估与决策制定过程，包括项目可行性研究阶段、项目施工建设阶段、项目投入使用阶段及项目经济效益后评价阶段等管理决策内容。项目可行性研究阶段主要关注项目投资能够为企业带来的经济效益和社会效益，包括企业可以获得的资金收益、项目自身特性能够为企业减少的风险和损失，以及项目对企业组织和社会带来的积极影响等。项目施工建设阶段着眼于在保证质量的基础上缩短工期、降低成本。项目投入使用阶段主要关注项目营运状况，包括资金收益能力、经营风险管理能力及企业资源管理能力等内容。项目经济效益后评价阶段将各项指标与可行性研究阶段进行对比和差异分析，从中发现并解决问题，提升资金配置水平。

（四）资金预算

资金预算是针对企业资金预测结果和资金决策形成的总体战略规划的各项具体计划。资金预算的内容包括当前营运资金预算、未来成长资金预算两方面内容。

1. 当前营运资金预算

企业当前营运资金预算包括营业收入预算、成本费用预算、资产使用预算等内容。

（1）营业收入预算。营业收入预算主要确定本期产品的销售计划，包括不同产品的销售量和销售价格，以及综合实现的企业资金总流入；在以历年销售数据为依据的基础之上，还要充分考虑营运期间各项指标可能发生的变化，据此编制详细的预算计划。

（2）成本费用预算。成本费用预算反映企业利用现有资本创造资金过程中发生的与当期和未来各期 EVA 资金指标相关的各项成本费用，将其分别列支，并分别体现为不同期间的成本费用总额，编制总的成本费用预算。成本费用预算一般应根据不同期间企业的成本特性，反映各个期间的成本费用情况与每个期间的资金创造保持一致。

（3）资产使用预算。资产使用预算是基于资产管理的思想，对企业各部门使用资产创造资金的情况进行分析和评价的基本计划。该预算根据资产的领用和使用部门，将资产的当前资金相应分配到各个部门；在体现各部门领用资产资金的同时，反映各部门资产资金创造标准和资金创造总量等基本情况，为后续相关指标的比较分析提供依据。资产使用预算能够反映各部门利用资产的效率和效果，对企业加强资产管理，实现企业资金具有重要作用。

2. 未来成长资金预算

企业的未来成长资金预算包括资本投入预算和项目投资预算等内容。

（1）资本投入预算。资本投入预算考察企业为未来资金成长引入新增资本投资的预算计划，涉及预期的企业投资方、资本属性（股权或债权）、投资方式（资金、资产、技术等）及投资额度等内容，为合理估计企业新增资本的来源提供参考。

（2）项目投资预算。项目投资预算是企业在未来期间内扩大生产经营能力，增加现有资本规模的基本计划。根据企业开展的业务、项目及资产布局，按照管理层级逐级编列各部门直至企业总体的资产投资预算计划。项目投资预算能够反映企业新增资本的去向，体现企业未来发展的能力。

基于上述内容编制的企业未来成长资金预算应当反映企业在一定经营期间内影响未来成长资金的关键驱动因素的资金流动情况以及最终的资金成果。

（五）资金控制

资金控制是针对企业资金配置的全过程进行的控制活动，对产品资金实现、经营管理活动及资产使用等进行有效的控制和监督，为确保企业资金最大化目标的实现提供组织、制度和实践保障。资金控制包括产品资金控制、经营过程控制和资产资金控制等内容。

（1）产品资金控制。产品资金控制重点关注产品的设计（功能和质量）、产品的价格及产品的营销三个重要的资金属性。产品设计要为企业提供持续创造资金的物质源泉，持续改进产品制造工艺和功能样式创新是保证产品设计资金的关键控制手段。产品的定价是企业赢得资金优势的重要手段，针对不同产品采用不同的定价策略，获取最高的资金流入是产品价格控制的关键：对市场认可程度较高的产品制定较高的价格，对同质产品广泛存在的产品制定具有竞争优势的价格。产品营销是促进产品资金收获的重要手段，为保证资金流入，企业需要采用必要的宣传和营销方法使产品的销售价格和销售量达到最高水平。

（2）经营过程控制。经营过程控制是实现企业资金的重要保证，各个环节的管理疏忽归结在一起就会无限放大企业的资金缺陷，引发连锁反应。企业的资金过程涉及不同产品系统及其管理控制体系共同构成的资金网络，包括产品系统、经营管理系统及组织控制系统等不同的资金链条。企业资金的控制管理需要以组织制度和文化理念为核心，在产品生产系统流程中落实经营管理责任制度，明确以股东资金为基础的企业共同的资金目标和各个部门环节的具体工作计划。过程控制是考核评价和激励机制能否落实的关键，更是企业资金配置体制能否正常运行、形成企业良性的资金循环的关键。

（3）资产资金控制。资产是创造企业资金的源泉和动力，资产管理是企业资金配置的核心。控制资产资金，能够从源头上确保企业资金不发生流失，提高资源的利用效率。资产资金控制要以企业的管理体系为核心，结合资产管理预算制度分层次分部门反映每个责任主体的资产资金控制情况，形成资产管理的行为机制。自始至终加强资产质量管理，对于企业资金创造的连续性和稳定性具有重要作用。

（六）资金评价

资金评价是对企业不同部门的资金创造成果进行的衡量与考核。企业的资金评价需要依托不同的业务部门开展，这些部门之间存在几种共同的资金属性（消耗成本费用、创造资金、扩张企业资本等）。依据不同的资金属性可以确定不同业务部门的资金业绩衡量标准，从而划分不同的责任主体，对其资金创造情况进行评价。资金预算是资金评价的重要依据，企业可以根据总体和各部门的资金创造情况，结合预算计划，落实各部门的管理责任，明确其资金业绩和工作成果。

企业可以划分成本费用中心、资金创造中心、资本投资中心等责任中心，针对不同责任中心的资金创造特征及其具体表现，对企业各部门的工作进行评价。针对不同责任中心，企业应当采用不同的资金评价方法。对资本投资中心而言，其根本任务是引入资本投资并开展资产投资项目，在这两方面工作的具体表现是确定其资金创造成果的重要依据。对资金创造中心而言，其核心任务是销售已生产的产品并创造资金，但是其资金表现并不是由销售业绩这一单一因素决定的，资金创造中心的成本费用消耗和资产使用状况与销售业绩共同决定了其资金创造的效率和效果，在这三方面的综合表现也就成为评价其资金创造成果的依据。对成本费用中心而言，其主要职责是确保企业的正常运转，虽然并不直接创造资金，但是其节约的成本费用和资产使用效率的提升都对企业资金的留存有重要贡献，资金评价过程中要对这两方面因素综合考虑。

企业的各种责任中心没有必然的高低之分，根据不同的企业类型，企业在资本投资、资金创造和成本费用管理上的资金贡献不尽相同，所以应当根据不同企业的情况，确定不同责任中心的重要性，在此基础上确定各责任中心的具体资金评价标准。

（七）资金激励

资金激励是资金配置会计体系流程的最终环节，是资金配置循环过程的衔接点。资金激励需要参照企业各部门及企业职工（资金创造实体）、企业经营的相关经济主体（利益相关者）以及企业自身资金发展的需求，以当期实现的资金创造成果和资金分配政策为核心，确定不同经济主体的奖惩制度和资金分配办法，以确保和提高各经济主体为企业资金发展提供持续支持的积极性，实现企业资金提升的良性循环。

资金激励方法包括资金创造实体奖惩机制、利益相关者利益分享机制及资金循环和留存机制。企业根据自身的发展需要确定三种资金激励机制的利益分享总额，通常为企业资金创造成果的一定比例，然后根据各利益需求实体和企业自身的实际需要确定各自的利益分享额度。

1. 资金创造实体奖惩机制

资金创造实体奖惩机制基于资金评价过程确定。企业根据实际情况，分别确定责任中心和企业员工的利益分享额度。首先，企业分别确定不同资本投资中心、资金创造中心、成本费用中心的利益分享额，根据不同责任中心的资金目标和资金表现确定奖惩计划；如果责任中心完成预期的资金目标，则给予相应的资金奖励，否则将在下一期间的预算计划中扣减相应责任中心的预算额度。其次，确定企业职工的资金福利，可以采用多种分配形式：对于基层员工和中低层管理者可以采用物质奖励与职位晋升相结合的分配方式，对于高层管理者可以采用物质奖励和股票期权等投资形式的分配方式，而且要采用长期的激励机制，避免他们危害企业未来成长的短期投机行为。

2. 利益相关者利益分享机制

利益相关者利益分享机制是针对企业的全部重要利益相关者的资金分配措施。股利分配是反映企业对待股东态度的重要资金分配政策，是股东获取投资收益的重要来源，这种激励方式带来的资本投资效应不应被企业忽视。作为偿付顺序在股东之前的债权人，对于自身债权投资有着既定的回报要求，这是企业必须满足的，否则企业资金链的健康就会受到威胁。在考虑了债权人和股东的需求之后，针对企业的其他重要利益相关者，如企业所在社区、国家有关部门、客户和供应商等，企业应当以公益方式、投资资助、价格优惠等履行社会责任和分派红利的形式给予回馈，保证企业经营链条的健康稳定。

3．资金循环和留存机制

资金循环和留存机制是保证股东利益、实现企业持续经营和资金发展的重要机制保障。从理论上讲，企业应当把很大一部分资金创造成果留存于企业，并在下个资金循环过程中投入使用，以保证企业的资金发展。除法律和按照会计准则规定需要计提的盈余公积之外，企业还可以根据实际的收益情况留存一部分资金创造成果，以防止突发事件的发生危及企业的持续经营和生存。合理的资金分配与留存既是企业的资金和运营实力的体现，又是企业的资金发展之道。

三、资金配置会计体系与传统管理会计体系的关联

（一）资金分析与成本分析的关联

资金分析与成本分析的联系在于二者都注重对期间收益指标的分析和衡量，都通过分析相关指标的经济性质试图引导企业管理者做出适应企业发展的经济决策。

资金分析与成本分析的区别在于二者的资金着眼点存在差别。成本分析关注短期决策导向下的期间收益，建立了以"成本—产量—利润"为主线的成本分析路径。而资金分析体现了企业资金的全局性和一致性，强调当前营运资金和未来成长资金两类驱动因素在各个期间的持续共同作用，建立了包括"成本费用—销售量—EVA"以及"资产管理、资本运营、项目投资"在内的双主线的资金分析路径，对企业资金进行全面分析和评价。

（二）资金预测与预测管理的关联

资金预测与预测管理的联系在于二者共同关注与企业经营相关的各项指标和资金需求的变动情况。经营活动是企业经济活动的核心，是预测管理活动关

注的重点。

资金预测与预测管理的区别在于预测的内容和范围不同。预测管理主要关注收益指标和资金需求，涉及企业在每个单独核算的预测期间的经营表现，是基于传统的期间收益观念做出的预测。而资金预测着眼于企业的资金指标和资源配置，并且按照不同的预测期间界定了企业总体资金的预期水平，不仅拓展了预测的内容，而且明确了企业资金划定的范围，是基于长期资金发展的观念做出的预测。

（三）资金决策与决策管理的关联

资金决策与决策管理的联系在于：①考虑了企业的生产经营过程；②重视对现金、存货、应收账款等发生资本占用资源的管理；③将投资决策作为决策管理的重要内容之一，在可行性研究阶段利用投资的经济资金水平进行决策。

资金决策与决策管理的区别在于：①将生产经营过程的决策活动落实到对资金驱动因素指标的决策分析过程；②将企业资源决策拓展到包含资本占用资源和现有使用资产在内的广义资源决策；③不仅在项目可行性研究阶段，而且在施工建设阶段、投入使用阶段及经济效益后评价阶段全程进行投资决策。

（四）资金预算与预算管理的关联

资金预算与预算管理的联系在于二者都制定了有关期间财务状况、经营成果、现金流量和投资情况的基本预算计划，着眼于企业管理活动的主要方面。

资金预算与预算管理的区别在于：传统预算管理是以期间收益观念为基础进行的，反映每个期间的经营计划，对企业资金的实时反映是一种扭曲；而资金预算则以企业长期资金观念为依托，沿用期间预算计划的基本考核制度，将企业的财务状况、经营成果、现金流量和投资情况纳入企业资金的规划体系当中，能够体现企业在不同期间的资金水平，为企业的经营管理活动提供正确的资金信号。

（五）资金控制与成本控制的关联

资金控制与成本控制的联系在于关注共同的成本因素，承认成本控制是企业管理控制的重要手段和方法之一，也是企业需要和能够控制的重要内容。

资金控制与成本控制的区别在于成本控制范围和理念的差异。企业的管理控制活动不再局限于成本控制的狭义范畴，而是拓展到产品控制、过程控制、资产控制的广义范畴，使得资金配置下的控制活动更为全面深入。

（六）资金评价与考核评价的关联

资金评价与考核评价的联系在于涉及共同的考核评价对象，同时都需要按照企业业务部门的性质对资金创造实体的经营业绩进行评价。

资金评价与考核评价的区别在于对业务部门的资金属性进行了一定的修正，将管理会计体系下的成本中心、利润中心和投资中心升级到反映资金指标的成本费用中心、资金创造中心和资本投资中心，扩充了各业务部门的业务评价范围，同时更多地考虑了资产管理的因素，将资产运营表现作为评价资金创造实体业绩的重要依据。

（七）资金激励与激励机制的关联

资金激励与激励机制的联系在于二者都需要考虑资金创造实体的经济利益和以股东为首的利益相关者的利益分配需求，建立相应的奖惩机制和利益分配方案。

资金激励与激励机制的区别在于强化了资金创造实体的资金奖惩机制和利益相关者的更广泛资金分配，同时更加强调企业自身资金循环和发展对资金分配的需求，符合企业资金可持续发展的基本思想。

第七章 管理会计视域下的企业财务风险控制

面对日益激烈的市场竞争的同时，存在着无处不在的风险与危机，中小企业一旦陷入财务危机既直接影响到企业的命运，又会给企业的相关人员造成极大的利益损失，比如投资者、债权人等。随着竞争日趋激烈而变得越来越复杂化的市场环境下，风险与危机也带来了很多不确定性。企业如果不能做到及时地化解财务危机，将对企业的利益带来严重的损失。因此，了解更多的中小企业财务风险与危机的相关知识，是减少财务风险与化解财务危机的关键要素。大多数陷入财务危机的中小企业都是由于没有意识到财务风险，致使风险逐渐扩大，最终走到破产的结局。

财务危机管理是指企业在财务运作过程中，对财务危机所采取的预防、控制、监督、对策、处理等一系列手段，其目的是避免危机的产生或者减少危机的产生，从某种意义上来说，也会有将危机转化为机会的可能性的出现。财务危机管理体系具有独特性，构成体系主要包含危机处理、危机总结与危机恢复。财务危机管理的最终目标是加强财务危机管理体制，尽量做到对财务危机的事先预防与事后化解等模式，为企业减少经济利益损失。

从企业发展的趋势来看，中小企业所面临的财务风险与危机是一个逐步形成的过程，在短时间内很难发现风险与危机的存在。因此，中小企业需要具备了解企业所存在的潜在风险与危机，做好预防与控制的工作，其也是避免企业走向尽头的有效途径。

第一节 企业的财务风险与财务危机概述

一、企业财务风险

（一）财务风险的定义

无论是哪家企业在经营过程中都难免会出现一些事先无法预料的问题，而财务风险就是企业在财务方面面临的财务危机问题。企业所遇到的很多未预料到以及难以控制的因素会使企业的财务情况出现问题，这些财务上的危机会直接给企业的经济利益带来严重的打击，这种经济损失未必能很快浮现出来，而是隐藏在企业运营的各个环节中，逐渐形成潜在的风险，最终导致企业由于财务危机而很难继续经营的局面。财务风险是企业潜在的发展走向的体现。

从财务风险具体分析来看，财务风险和债务资本有着密不可分的联系，即债务比率越高，财务风险就随之增加；而债务比率越低，财务风险也就随之降低。企业财务风险从广义的定义来看，其主要内容包括筹资风险、投资风险、收益分配风险等。企业筹集资金这一环节是一个很艰难的过程，在这一环节就已经逐渐开始形成潜在的风险。所谓的风险既包括筹集资金的困难，也包括很多外界因素的影响及未来很多不确定事情的发生。此外，还涉及能否将筹集到的资金合理运用到企业经营过程中等，这些问题都包含在筹资风险的范围内。

通过上述了解了企业在筹资过程中所面临的风险问题，比起筹资过程，企业在投资的过程中所存在的风险会更高。风险的来源主要是通过投资环境的不断变化而不断形成的。风险将最终导致实际投资利润率和预计投资利润率会有差距，具体说来，就是实际小于预计。可以说，在企业财务管理中，几乎一直伴随着风险和不确定等情况，企业可以借鉴我国现行的财务评价指标体系，建立适合自身情况的财务风险评价指标体系。

（二）财务风险的影响因素

影响财务风险的因素并非单一化，根据各种因素的形成主要可以分为内部因素和外部因素两方面。

1．内部因素

由于影响财务风险的内部因素具有复杂性，所以对财务风险因素进行系统的总结，具体将其归纳为四大类，即债务因素、现金流因素、投资因素和盈利因素。

（1）债务因素。债务筹资是企业经营与发展过程中不可缺少的环节之一。债务风险是企业在筹集资金的过程中，由于考虑不周及各种外界因素的出现而导致企业的资金损失，最终无法偿还债务，即不能如期偿还债务的风险。

（2）现金流因素。现金流是企业运营能力的直接体现，是企业的核心部分。企业只有具备足够的现金流动能力，才能保证企业财务的良性运营；反之，现金流动出现问题，企业将会面临财务危机。现金流风险是由于企业未能预料及无法控制的因素而导致资金周转困难，从而为企业的生存与发展带来一定的影响。

（3）投资因素。投资、筹资与经营是企业发展必不可少的管理活动，首先，通过筹资来进行投资活动和经营活动的展开。其次，通过投资使企业实现良好经营下去。投资风险是企业在投资的过程中，因自身情况与环境影响因素所带来的企业投资风险收益与非风险收益间发生偏离的可能性。

（4）盈利因素。盈利是企业通过利用资源而获取的利益。盈利风险是企业管理者非常关注的部分。因此，不断分析影响盈利风险的因素并且制订预防及控制风险的对策，是管理者非常重要的任务，也是为企业带来更多盈利的关键要素。

此外，企业财务管理人员对财务风险的相关知识及意识缺乏、信息不完善、企业内部债权问题不明了（资金管理、资金使用、利益分配）等方面，也是影响企业财务风险的因素。

2．外部因素

除了内部因素会使企业财务产生风险以外，还有很多外部因素也会带来财务风险。外部因素具体体现在企业财务管理的复杂环境方面。外部因素的产生主要是由于没有按照预想的而发生了变化，即原本制定好的应对风险的策略在实际操作过程中产生了新的风险。企业面对新的风险将会呈现出措手不及的状态，最终会导致给企业带来利益损失。具体而言，财务管理的外部风险因素包括经济环境、法律环境、市场环境、社会文化环境、资源环境等。

（三）财务风险的特征

1. 客观性

企业财务风险具有客观性的特点。对于企业来说，财务管理是非常重要的环节。合理的财务管理方式能够使企业实现设立的目标，反之，不合理的财务管理方式会使企业离实现目标越来越远。因此，企业应根据具体出现的财务风险问题进行客观的分析与解决。

2. 灾难性

不良的财务管理方式将会使企业的财务陷入危机，给企业的利益带来灾难性的损失。除此之外，企业在项目决策的环节也需要慎重决策，这也将影响企业财务状况。

3. 不确定性

由于影响企业财务的因素是多方面的，而且不是一成不变的，所以企业财务具有不确定性的特点。企业财务风险会伴随着各种不确定性而随之形成。不确定性不仅会给企业增加财务风险，也会使企业在化解风险时增加一定的难度。因此，控制不确定性是降低财务风险的关键要素。

4. 可衡量性

企业财务风险虽然具有很多不确定性的特点，但是可以通过数据来衡量风险的大与小和强与弱。因此，具有可衡量性的特点。衡量企业风险的大小是通过数据来传达的，通过数字来尽可能地呈现出财务风险的真实情况，使企业能够更好地对财务进行管理。

（四）财务风险的分类

1. 汇率风险

汇率风险是指在一定期间内通过汇率的不确定性波动而使企业产生的不确定性风险，汇率的变化会使企业的资金流动情况也随之变化，即发生现金的增加或减少等情况，这些情况都将会增加企业财务风险。

2. 投资风险

投资风险是企业经营中必然存在的风险，主要分为对内投资风险和对外投资风险两方面。

（1）对内投资风险。对内投资风险针对的是企业内部的各种因素，主要包括固定资产、流动资产、无形资产这个三方面。固定资产主要包含器械设备等；流动资产主要包含货币资金等；无形资产主要包含专业技术等。企业在投资过程中，领导者是非常重要的角色之一，领导者的目光长远及毅力强弱决定着企业的发展前景。因此，领导者对投资的判断需要用长远的目标且果断的决定才能避免错失投资的良机。与此同时，避免投资不当而引起财务风险的状况发生。

（2）对外投资风险。企业的对外投资是指企业对其他组织进行资金及物品的投资，或者是购买证券等的金融投资。在复杂多变的市场环境下，任何事物都充满着无限的未知，这些无法预料的未知事物将会使企业投资风险增大。

3．筹资风险

筹资是企业需要经历的一个艰难的过程，在这一过程中会随之形成一些潜在的风险，这些风险会随着环境的复杂化及许多不确定因素的形成而变得越发严重。即使筹集到资金后，企业能否合理有效的运用资金等方面的问题，也属于筹资风险的范围。

一般而言，按照企业筹集的资金来源可以将筹资风险分为债务筹资风险和股权筹资风险两方面。

（1）债务筹资风险。债务筹资风险是指到达了规定的期限而无法偿还债务的风险。影响企业债务筹资风险的因素有很多方面，主要包括：企业负责规模与数额、利率、债务的组成结构，企业的投资决策以及企业所在的大环境的整体变化等。

（2）股权筹资风险。股权筹资风险是指发行股票筹资时，由于发行数量、发行时机、筹资成本等原因给企业造成损失的风险。影响股权筹资风险的主要因素有企业的经营状况、资本市场环境等。此外，如果企业对自己本来就有的资金或者是借入的资金使用不当，也会影响企业的资金成本和资金使用效益。

二、企业财务危机

任何危机都不是突然就出现的，而是日积月累逐步形成的，这一过程主要包含萌芽期、潜伏期、形成期、爆发期和恢复期五个阶段，财务危机也是如此。因此，企业在经营管理过程中，只有事先做好财务管理工作，学会洞察企业潜在的各种财务危机，才能够充分了解引发危机的原因，并及时地去化解或者避免危机。

（一）财务危机的定义

财务危机是指企业无法继续偿还债务或者支付费用的能力。本书通过参考大量的相关资料，对财务危机的定义做出了总结，具体内容如下。

第一，出现财务危机的情况表示企业在运转过程中出现了财务方面的问题，这也就代表着企业的利益将会受到损害，如果情况严重，可能无法使企业继续生存下去。

第二，由于财务危机会导致企业的资金周转变得困难，所以企业可能会出现无法偿还债务的现象，进而导致一系列难以解决的问题出现。

第三，财务危机会使企业无法继续良好地运转，比如，生产能力减弱或者难以保障产品继续生产等问题，因此，企业会面临破产的可能性。

（二）财务危机的特征

1. 渐进性

任何事情的发生都绝非偶然，而是经过一段时间而慢慢形成的过程。企业财务危机的形成过程也不例外。财务危机的出现会经历四个阶段，即潜伏期、形成期、爆发期、恢复期。

（1）潜伏期具有隐蔽性。由于企业的财务危机在潜伏期具有隐蔽性的特点，所以很多企业在财务危机没有爆发之前无法察觉到财务困境问题，只有发生财务危机后才恍然大悟。企业内部的财务管理不当或者企业外部的环境变化问题都可能会导致财务逐渐形成潜在的危机，然而财务危机在萌芽阶段，很难引起企业管理人员的注意。

（2）形成期具有综合性。财务危机是直接导致企业价值损失的危机。在西方较为流行的衡量企业价值的"权衡模型（Trade off Model）"中，将财务危机成本列为公司价值的一个重要减值因素，即：

公司价值＝无负债的公司价值＋赋税结余价值－财务危机成本－代理成本

财务危机是企业其他类型危机的综合表现和累积结果，因此，企业的任何危机最终均会导致企业价值的损失，成为财务危机的动因或累积因素。如图7-1所示。

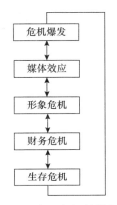

图 7-1　企业危机扩散框架

（3）爆发期具有严重性。财务危机是一种非常极端的现象，在没爆发之前，就像什么事情都没有一样的平静，但一旦爆发将会成为企业严重的危机。财务危机的种类繁多，无论何种危机的出现，对企业来说都是严峻的考验，严重情况下将会直接影响到企业的生存与发展。

（4）恢复期具有机会性。虽然财务危机对于很多企业的生存与发展来说是重创，但是这些危机并不是完全不能控制的。对于部分企业来说，财务危机会导致企业无法继续生存下去，但是对于有些企业来说，会把企业危机当成是一种挑战，从困境中找到求生的机会，成为企业的一个转折点。

2．突变性

企业财务危机因素的量变的累积会不断削弱企业抗御风险的能力，严重损伤企业系统的正常结构。一般情况下，企业在运营过程中，具备财务实力的企业当遇到突发事件时会及时采取相应的措施，尽快走出困境，反之，财务实力薄弱的企业当遇到突发事件时，没有资金方面的支援，很难走出困境。但是如果突发事件的程度高于企业的承受能力，即使是财务实力雄厚的企业也会直接陷入财务危机状态。

3．可逆性

由于企业的发展要经历初创期、发展期、成熟期、衰退期这四个阶段，所以企业的财务危机是企业发展需要经历的过程。企业的生存与发展体现了人为的因素，即通过人的能力可以将危机化为转机。因此，即使当企业面临衰退期的时候也未必最终只会产生不好的结果，即危机具有可逆性的特点。财务危机是一个逐渐形成的过程，如果管理人员能够提高危机意识，在面临危机局面时也会产生逆转的可能性。当企业面临危机时，如果及时采取相应的对应策略，会降低企业的经济效益。

（三）财务危机的分类

财务危机在程度上往往有大有小，根据这个标准，可以将其分为以下三种类型。

1. 偿付型财务危机

偿付型财务危机是指企业无法在规定期间内偿还所欠的债务或者偿还债务要付出很大的代价时，用财务危机来体现出来。

2. 亏损型财务危机

亏损型财务危机是指企业在经营过程中利益受到了损害而导致财务亏空。根据亏损程度可以分成两种情况，即严重亏损和连续亏损。

3. 破产型财务危机

破产型财务危机是指企业无力偿还债务，只能用破产的方式来偿还所欠的债务，这是财务危机中最严重的情况。一般来说，企业破产的原因是财务方面和技术方面的，即会计破产和技术性破产两方面。简单而言，会计破产指的是企业的资金远远不够偿还债务而出现的账面净资产负数；技术性破产是针对企业财务管理的技术而言的，如果这个技术采用不当，就很容易导致企业破产。

第二节　管理会计与企业财务风险控制

管理会计在企业财务风险控制中发挥着重要作用。通过提供决策支持、风险预警与评估以及优化资源配置等手段，管理会计有助于企业降低财务风险、提高经营稳定性。然而，在实际应用中，企业还需要克服数据质量、技术应用和人才等方面的挑战，以充分发挥管理会计在财务风险控制中的效能。

一、管理会计在财务风险控制中的作用

（一）提供决策支持

管理会计不仅仅关注财务报表上的数据，还深入挖掘企业运营过程中的各种数据，如销售数据、成本数据、库存数据等。这些数据为企业提供了一个全面的运营视图，使得管理层能够更深入地了解企业的财务状况和经营成果。除了财务数据，管理会计还关注非财务数据，如市场需求、客户满意度、竞争对手分析等。这些数据为企业提供了外部环境的信息，有助于企业更好地应对市场变化。

管理会计通过专业的分析工具和方法，如比率分析、趋势分析、敏感性分析等，深入剖析财务数据，揭示出数据背后的经济实质和潜在风险。通过对数据的解读，管理会计能够帮助管理层洞察企业的经营状况，发现潜在的财务风险，并及时提出预警。基于深入的数据分析，管理会计为管理层提供有针对性的决策建议。这些建议旨在优化资源配置、降低成本、提高效率，从而增强企业的财务稳健性。

管理会计还能评估不同决策方案的经济影响，帮助管理层在多个选项中做出最优选择，降低决策失误带来的财务风险。

（二）风险预警与评估

管理会计通过深入研究企业的财务状况和经营环境，能够确定哪些财务指标是关键的财务风险指示器。例如，流动比率、速动比率、资产负债率等，都可以作为衡量企业财务健康状况的重要指标。基于这些关键指标，管理会计可以构建一个财务风险预警系统。这个系统通过实时监测这些指标的变化，一旦发现异常波动或超出安全阈值，就会立即触发预警机制。这种预警机制可以是一个自动化的报告系统，也可以是定期的人工审查。无论哪种方式，其目的都是在财务风险刚刚萌芽时就能迅速识别，从而为企业争取到宝贵的应对时间。

财务风险预警系统的核心优势在于其时效性。通过持续的数据监控，管

理会计能够在财务风险刚刚出现时就及时发现，避免了风险的进一步累积和恶化。早期的风险识别也意味着企业有更多的选择和更大的灵活性来应对这些风险。无论是通过调整经营策略、优化资源配置，还是寻求外部融资，企业都能在风险演变为危机之前采取有效的应对措施。

除了预警功能外，管理会计还能对企业面临的各种财务风险进行评估。这种评估不仅仅是定性的，更是定量的。通过构建风险评估模型，管理会计能够为企业提供具体的风险大小数值，使得管理层能够更直观地了解企业当前的风险状况。风险评估的结果可以为企业制定风险控制策略提供重要依据。例如，对于高风险领域，企业可以增加投入以提高风险应对能力；对于低风险领域，则可以适当减少资源投入，以实现资源的优化配置。

管理会计在财务风险预警与评估方面发挥着不可或缺的作用。它不仅能够帮助企业及时发现潜在的财务风险，还能提供具体的风险评估结果，为企业制定有效的风险控制策略提供重要依据。

（三）优化资源配置

通过管理会计的分析，企业可以更加合理地配置资源，如资金、人力、物资等，以达到降低运营成本、提高资金利用效率的目的，从而增强企业的风险抵御能力。

二、管理会计在财务风险控制中的应用领域

（一）预算管理

管理会计不仅是企业财务数据的记录者和解读者，更是企业资源配置的关键指导者。通过其深入的数据分析，企业能够更科学、更精准地进行资源配置，进而实现降低运营成本和提高资金利用效率的目标，这极大地增强了企业对各类风险的抵御能力。

管理会计通过对企业现金流的详细分析，可以帮助企业了解资金流动的状况，预测未来的资金需求。这使得企业能够根据实际需要合理安排资金使用，避免资金闲置或过度使用导致的资金链紧张。此外，管理会计还能评估不同投

资项目的风险和收益，帮助企业选择最佳的资金投放方向，从而实现资金的最大化利用。

通过对各部门、各项目的成本效益分析，管理会计可以揭示出哪些部门或项目对企业贡献更大，从而指导企业在人力资源方面进行更为合理的分配。企业可以根据管理会计的分析结果，将更多的人力资源投向效益更高的部门或项目，同时优化或缩减效益较低的部门，从而提高企业整体的运营效率。

管理会计通过对企业存货周转率、库存量等数据的分析，可以帮助企业确定最佳的库存水平，避免库存积压造成的资金占用和浪费。同时，根据市场需求和生产计划，管理会计还能指导企业合理安排原材料的采购时间和数量，确保生产活动的顺利进行，同时降低库存成本。

通过优化资源配置，企业能够更有效地利用有限的资源，提高经营效率和盈利能力。这不仅增强了企业的经济实力，也为企业构建了一个更加稳健的财务基础。在面临外部经济波动、市场竞争加剧等风险因素时，一个资源配置合理、运营效率高的企业将更有能力抵御这些风险，保持稳定的经营状态。

（二）内部控制

管理会计在企业内部控制中的作用举足轻重，它不仅参与体系的建设和完善，还通过多种措施确保企业内部控制的有效执行，进而降低企业内部舞弊和错误的风险。

管理会计积极参与到企业内部控制体系的建设中。这包括但不限于制定明确的内部控制政策和程序，确保企业的各项业务活动都有明确的操作规范和指导原则。管理会计还与企业各部门紧密合作，共同梳理和优化业务流程，确保流程的合规性和效率性。

管理会计在明确岗位职责方面也发挥着关键作用。它帮助企业确立各个岗位的职责和权限，确保每个员工都清楚自己的职责范围和工作要求。这不仅有助于提高工作效率，还能避免因职责不清而导致的内部混乱和错误。

管理会计还通过加强内部审计来确保内部控制的有效执行。它定期对企业的各项业务进行审计，检查是否存在违规操作、舞弊行为或错误决策。通过内部审计，管理会计能够及时发现并纠正问题，确保企业运营的合规性和稳健性。

　　除了以上措施，管理会计还关注员工的培训和教育。定期组织内部控制相关的培训活动，提高员工对内部控制的认识和重视程度。这有助于培养员工的合规意识和风险防范意识，进一步降低企业内部舞弊和错误的风险。

（三）投资决策分析

　　企业进行投资决策的关键时刻，管理会计的重要性显得尤为突出。管理会计不仅为企业提供财务数据，更是通过深入的投资项目分析，确保企业能够在充分了解所有相关信息的基础上，做出明智且稳健的投资选择。

　　管理会计会对潜在的投资项目进行详尽的财务分析。这包括对项目的初始投资成本、运营成本、预期收益以及回报周期的详细估算。通过这些分析，企业可以清楚地了解到投资项目的经济效益，以及资金何时能够回笼。

　　风险评估是投资决策中不可或缺的一环。管理会计会综合运用多种风险评估工具和方法，对项目的市场风险、技术风险、运营风险等进行全面评估。这不仅能让企业了解到投资可能面临的各种不确定性，还能帮助企业制定相应的风险应对策略。

　　除了财务和风险评估，管理会计还会提供关于市场趋势、竞争环境以及行业发展的深入分析。这些非财务信息对于评估项目的长期潜力和可持续性至关重要。

　　综合以上各方面的分析，管理会计能够编制出一份全面的投资项目分析报告。这份报告不仅包含了项目的财务数据，还涵盖了风险评估和市场分析，从而为企业决策者提供了一个清晰、全面的投资蓝图。

第三节　企业财务危机预警系统的构建

　　为了避免财务危机的发生或者降低财务危机所导致的利益损失，企业需要构建一套符合企业自身的财务危机预警系统。其系统对企业的财务现状、财务预测、财务管理等方面起着至关重要的作用。

一、企业财务危机预警的定义及作用

（一）企业财务危机预警的定义

预警指的是在承认评价和预测的基础上，利用先行指标和发展趋势对未来的发展状况和风险的大小进行预测，然后及时通知相关的人员采取相应的措施规避风险，减少损失的发生。[①]

财务危机预警是指收集企业的财务报告及各种财务方面的信息，对企业的财务信息结合外界因素进行全面的分析，对企业可能出现的潜在危机进行控制预测。

财务危机预警中的数学模型是根据企业的定量变量和定性因素来对企业的财务状况进行检测的模型，即企业的财务危机预警模型。企业可以通过财务危机预测结果来对财务危机的严重性进行判断，并根据程度发出相应的警报信号。危机预警模型可以使企业事先意识到潜在的财务风险，并及时发出信号，便于尽快解决财务问题，从而降低财务危机给企业带来的经济损失。

财务危机预警的具体流程如图 7-2 所示。

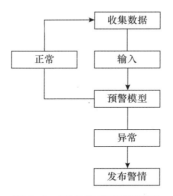

图 7-2　财务危机预警流程

（二）企业财务危机预警的作用

1．对企业财务进行监测

企业需要事先指定财务预警标准，然后通过财务预警系统对财务检测所发

① 杨华. 企业财务危机预警［M］. 济南：山东人民出版社，2013：127.

出的预警信号与财务预警标准进行对比，从中找出差异点并分析出原因，最后找出相应的解决方法及避免的方式。

2．对企业财务进行诊断

企业在得出检测结果后，需要运用财务危机预警管理技术来对企业财务的实际情况进行诊断，通过诊断发现财务问题并找出产生财务问题的原因，从而制定相应的解决方案，防止企业的财务问题更加恶化。

3．对企业财务进行治理

对企业的财务状况进行监测和诊断，既可以找出财务危机问题所在，又可以找出财务危机预警系统与财务现状的偏差，从而实现对企业从财务进行合理的治理工作。企业财务危机预警模型的优势是可以促进财务危机状况不断地改善，为企业能够长期生存与发展打下了良好的基础。

4．对企业财务进行完善

当意识到企业潜在的财务危机时，企业要做到高度的重视，更重要的是要及时制定有效的控制措施或者将财务风险降低到最低限度，减少给企业带来的利益损失。与此同时，通过企业潜在财务危机使企业管理人员发现企业财务方面存在着很多风险，引起管理人员对财务工作的重视，从而对财务工作进行不断的完善与预防，避免企业的利益受到损害，最终能够实现企业持续发展。

二、企业财务危机预警方法

（一）定性方法

定性方法是指了解和分析了企业的经营现状和企业存在的外在特点后，再对企业可能产生的财务危机进行判断的财务危机预警方法。

1．定性方法的分类

（1）管理记分法。管理记分法是由美国学者仁翰·阿吉蒂最先使用的，又可以叫作 A 记分法。该方法使用的具体方式是，首先列出与财务危机相关的风险因素或是征兆，然后根据他们对企业财务危机影响程度的不同对其赋值，再将一个企业所得的"记分"总数和标准进行比较，以此来对该企业的警示度进行判断，同时还可以将定性因素进行量化处理。

使用该方法的一个突出优点是简单易懂，并且在实践中极为有效。但需要注意的是，是否对评分公司有全面、彻底的了解是能否充分发挥该方法效果的一项决定性因素。

在该方法的使用过程中，虽然人类的主观意识判断会一直存在于风险因素、赋值和记分标准的整体确定过程中，但不可否认的是，该方法是一种定性方法，见表 7-1 所示。

表 7-1　管理记分法

项目		评分	表现
企业经营缺点	管理方面	8	总经理独断专行
		4	总经理兼任董事长
		2	独断的总经理控制着被动的董事会
		2	董事会成员构成失衡，如技术和财务人员过多，管理人员不足
		2	财务主管能力低下
	财务方面	1	管理混乱，缺乏财务规章制度
		3	没有财务预算或不按预算进行控制
		3	没有现金流转计划或虽有计划但从未适时调整
		3	没有成本控制系统，对企业的成本一无所知
	经营方面	15	应变能力差，过时的产品，陈旧的设备，守旧的战略
合计		43	及格 10 分
企业经营错误		15	欠债过多
		15	企业过度发展，核心竞争力欠缺
		15	过度依赖大项目
合计		45	及格 15 分
企业破产征兆		4	财务报告上显示不佳的信号
		4	总经理操纵会计项目，以掩盖企业滑坡的事实
		3	非财务反映，如管理混乱，工资冻结，士气低落，人员外流
		1	晚期迹象，如债权人扬言要诉讼
合计		12	
总计		100	

（2）标准化调查法。标准化调查法也可以叫作风险分析调查法，指的是专业的调查公司或是专业人员在对企业可能遭遇到的危机进行全面研究和分析之后，形成书面的报告，以供企业的管理层进行参考和研究的一种方法。[1] 它的一个特点是在调查过程中所提的问题对所有企业都适用，这样导致它无法针对特定企业的特定问题进行调查分析。此外，该方法在使用的过程中并没有对调查出来的问题进行解释，并且也没有引导使用者对所问问题之外的其他相关信息进行正确的评价和判断，见表 7-2 所示。

表 7-2　标准化调查法

项目	调查内容
业绩	1．现状：好、一般、不好
	2．前景：增长、下降、稳定、不明
	3．交易对象、行业前景：增长、下降、稳定、不明
	4．对外资信：高、一般、低、不明
同行业比较	1．规模、地位：大、中、小、独立
	2．同行业竞争：激烈、一般、无
	3．销售实力的基础：销路、主顾、商标、商品组织、广告、特殊销售法
	4．生产实力基础：特殊技术、特殊设备、特殊材料、特殊产品、特殊生产组织
经营问题和原因	1．问题：销售不振、收益率低、成本高、生产率低、人力不足
	2．销售不振的原因：市场不景气、竞争激烈、行业衰退、销售力弱、产品开发慢、生产率低
	3．收益率低的原因：价格高、成本低、高利率
	4．生产率低的原因：效率低、人力资源不足、管理不善、现代化程度低
	5．成本高的原因：材料费用高、开工不足、工资费用率高
前景	1．方针：扩大、维持现状、转换、不明确
	2．扩大方向：整体规模、新增范围、人员
	3．具体方法：多样化、新产品、新销路、专业化
	4．重点基础：产品开发、设计、设备、技术、成本、质量、销售力

（3）流程图分析法。流程图分析法是一种动态分析方法，可以揭示出企

---

[1] 张宇华，陈宁．企业如何化解财务危机［M］．北京：中国经济出版社，2012：163．

业内部潜在的风险，帮助企业确定生产经营和财务管理方面的关键环节，如图 7-3 所示。所有的企业在整个生产经营活动中，都必然会存在一些关键的环节，如果这些关键环节的疏通出现了问题，就会对企业整个的经营流程和资金运转流程造成严重的负面影响。

　　一般来说，企业在准确画出整个流程图之后，就可以准确找到其中的关键环节，这样就可以有效地对企业潜在的危机进行分析和判断，由此才能采取相应的措施来尽量避免危机的发生，或是将危机对企业造成的危害降低到最小。在使用流程图分析法中，要求绘制流程图的人员要具有较高的水平，如此才能使得绘图脉络清晰，层次分明，便于管理者的分析和使用。

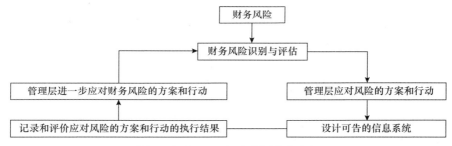

图 7-3　管理层应对财务风险流程

　　（4）三个月资金周转表分析法。三个月资金周转表分析法是企业对财务危机进行短期预警的方法。该方法的使用原理是在企业的销售额逐渐提高时，就容易对付款票据进行兑现；但是如果企业的销售额逐渐下降，那么已经开具的付款票据就很难兑现了。

　　随着越来越激烈的市场竞争背景下，理财环境也变得多种多样。因此，企业是否具备安全系数较高的资金周转表能够体现出企业现阶段的财务状况，如果准备充分，企业会继续良好的运转，反之，企业很可能面临潜在的财务风险，最终产生财务危机。

　　企业的资金周转状况与企业的发展情况息息相关，当企业的发展呈现下滑趋势时，其资金的周转情况也会随之缓慢；反之，当企业的发展呈现上升趋势时，其资金周转必然会灵活起来。总体来说，这种方法简单易懂、实施方便，只是其判别标准过于武断，还存有争议，见表 7-3 所示。

表 7-3　三个月资金周转表分析法的判别标准

	企业状况		财务风险度
制定不出周转表			高
制定出周转表	转入下个月的结转额是否占总收入的 20% 以下，付款票据的支付额是否在销售额的 60% 以上（批发商）或 40% 以上（制造业）		比较高
	转入下个月的结转额是否占总收入的 20% 以上，付款票据的支付额是否在销售额的 60% 以下（批发商）或 40% 以下（制造业）		低

（5）四阶段症状分析法。企业财务运营的四阶段症状分别为：潜伏期、发作期、恶化期、爆发期。财务危机在不同时期会呈现出不同的状况，通过不同时期表现出来的财务危机状态来进行判断并采取相应的解决方式，从而减少企业因财务危机而带来利益损失。这种方法简单明了，易于实施，但各个阶段的界限有时难以区分，见表 7-4 所示。

表 7-4　企业财务运营症状的四个阶段

潜伏期		发作期		恶化期		爆发期	
1	盲目扩张	1	自有资本不足	1	经营者无心经营业务，专心于财务周转	1	负债超过资产，丧失偿债能力
2	无效市场营销	2	过分依赖外部资金，利息负担重				
3	疏于风险管理			2	资金周转困难		
4	缺乏有效管理制度	3	缺乏财务的预警作用	3	债务到期违约不支付	2	宣布倒闭
5	无视环境重大变化	4	债务拖延偿付				

2．定性方法的比较

上述五种定性方法具有各自的优点和缺点，如表 7-5 所示。

表 7-5　五种定性方法的比较

方法	优点	缺点
管理记分法	简单易懂，行之有效	评分者需对企业及其管理有直接、相当的了解
标准化调查法	1．简单易懂 2．调查表中的问题对所有企业普遍适用	1．缺少针对特定企业设计的调查问题； 2．无针对表内问题的解释 3．缺少对表外信息的判断

续表

方法	优点	缺点
流程图分析法	脉络清晰，层次分明	画图人员要有较高的水平，且对企业情况有较深的了解
三个月资金周转表分析法	1. 简单易懂、实施方便 2. 常用于短期预警	判断标准过于武断
四阶段症状分析法	简单明了，易于实施	难以区分四个阶段的界限

上述几种不同的定性方法都有各自的优点和缺点，因此企业在实际运用中一定要根据自身的实际情况，选用适合自身的预警方法。

3．对定性方法的评价

定性方法的最大优势在于需要的数据较少及方法简便，能够充分预测无法估计的影响因素。定性方法对于发现财务问题及找出财务危机原因能够发挥极大的作用。但值得一提的是，定性方法能否有效的被使用绝大因素取决于研究者，研究者的个人素质和研究经验方面是必不可少的因素。因此，企业需要严格选择研究者。

（二）定量方法

由于定量方法具备良好预警能力的特点，所以定量方法在企业财务危机方面起到至关重要的作用。定量方法具体是指通过使用统计和人工智能等方法，对最具区别力的变量组合进行界定，以此来塑造一个预警模型。

1．定量方法的分类

（1）多元判别分析法。多元判别分析法（MDA）产生于20世纪30年代，是一种较为常用的统计分析方法，主要研究的是怎样根据观察或测量到的若干变量值对研究对象所属的类别进行判断。20世纪六七十年代，该方法在财务危机预警的研究中使用较多。

在对企业的财务状况进行分析时，必须以明确观测对象的分类和若干表明观测对象特征的变量值作为前提条件。判别分析指的是选出能够提供最多信息的变量，并以此建立起判别函数，这样可以有效防止利用推导出的判别函数对测量判别其所属类别的错误的出现。

判别函数的一般形式是：

$$Y=\sum_{i=1}^{n}a_ix_i+u=a_1x_1+a_2x_2+\cdots+a_nx_n+u$$

其中，Y 是对企业财务状况的判别值；x_1、x_2、$\cdots$、x_n 是预警变量；a_1、a_2、$\cdots$、a_n 是各预警变量的系数；u 是随机误差项。

MDA 必须在满足正态分布和等协方差假定的前提下才能使错判率最小，而事实上，这种假定通常不能满足，因此由 MDA 模型得到的结果的可信度、准确性、合理性都会有所降低。虽然可以用对数变换使之成为正态分布，但这种变形难以在理论上解释，而且当存在连续和离散变量的时候，判别结果也并非最优。

（2）多元逻辑回归法。多元逻辑回归法（MLR）借助 Logistic 回归，根据样本中所提供的数据，使用估计法来得到各参数的数值，然后再经过一系列的数学推导，就可以计算出企业遭遇危机的概率。该方法于 20 世纪 70 年代末以后在财务危机预警的研究中使用较多。

累积的 Logistic 概率函数表示为：

$$p_i=F(Y_i)=\frac{1}{1+e^{-Y_i}}=\frac{e^{Y_i}}{1+e^{Y_i}}$$

其中，Y_i 是线性结合模型，即：

$$Y_i=\alpha+\sum_{j=1}^{k}\beta_jX_{ji}$$

其中，$X_{ji}(0\leqslant j\leqslant k)$ 表示第 i 家公司的第 j 个变量，β_j 是第 j 个变量的系数，且：

$$Y_i\begin{cases}0 & \text{如果公司 } i \text{ 属于非财务危机公司}\\1 & \text{如果公司 } i \text{ 属于财务危机公司}\end{cases}$$

Logistic 回归拟合的回归方程可以表示为：

$$Y_i=\ln(\frac{P_i}{1-P_i})=\alpha+\sum_{j=1}^{k}\beta_jX_{ji}$$

即 Logit 模型。

与 MDA 不同的是，MLR 并不需要多元正态分布和等协方差作为前提假设。其缺点是样本的数量不宜少于 200 个，否则存在参数估计的有偏性；当样本点存在完全分离时，模型参数的最大似然估计可能不存在，故 MLR 的有效性存在问题；MLR 对中间区域的判别敏感性较强，将导致判别结果不稳定。

（3）人工神经网络法。近年来，人工神经网络（Artificial Neural Network，简称 ANN）已经在模式识别、分类及预测方面体现了多方面的优越性，指的是对生理上真实的人脑神经网络的结构和功能及基本特征进行理论抽象、简化和模拟而构成的一种信息系统。

与其他的方法相比较，人工神经网络法最突出的特点是可以对任意类型的数据进行处理。通过长时间的不断学习，ANN 可以从大量的未知模式复杂数据中发现其中所存在的规律。ANN 的使用较为简便，传统数据分析的复杂性及选择适当模型的函数形式都不会对该方法的使用形成严重的阻碍，是一种自然的非线性建模过程。

企业在运用 ANN 进行财务预警分析时，主要会用到两方面的能力，即映射能力和泛化能力。其具体使用方式是，在经过一定数量带噪声的样本的训练前提下，网络就可以对样品中所隐含的特征关系进行抽取，并且还可以对新情况下的数据进行内插和外推，以此来判断其属性。例如，使用人工神经网络法的过程中，其可以对所有输入的变量进行分析，并且还可以输出相应的数据，通过一定的运算分析过程，成功找出所有输入与输出变量之间的关系。

需要注意的是，ANN 并不会对变量之间必须线性相关或是相互独立的假设产生依赖性，即使是变量之间存在一些微妙的联系，ANN 也都可以正确分析出来，然后形成定量评估。

ANN 的主要结构由一个输入层、一个或多个隐含层、一个输出层组成，各层由若干个神经元（节点）构成，每一个节点的输出值由输入值、作用函数和阈值决定。

最基本的三层 ANN 结构如图 7-4 所示。

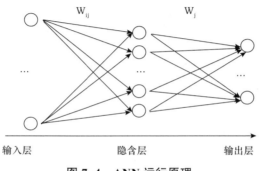

图 7-4　ANN 运行原理

2．定量方法的比较

为在研究中取得较准确的预测正确率，必须谨慎选择定量方法，分析考虑各种方法的前提条件、适用范围和优缺点。上述三种定量方法的比较如表 7-6 所示。

表 7-6　三种定量方法的比较

方法	首用者	前提条件	优点	缺点	适用范围
多元判别分析法	Altman（1968）	1. 自变量总体上必须符合联合正态分布 2. 组内协方差矩阵相同 3. 自变量必须是连续变量	1. 能够包含反映企业财务状况的多个变量，模型一旦建立，运用相对容易 2. 可以了解哪些财务比率最具判别能力 3. 比较直观，判别运算过程容易理解	1. 前提条件在现实中很难满足，变量的相对重要性难以得到合理解释 2. 存在完全线性补偿问题 3. 无法有效处理虚拟变量和非连续变量 4. 样本选择偏差对模型分类能力影响很大	适用范围比较广，多数在近似条件下使用
多元逻辑回归法	Martin（1977）	1. 残差项必须为韦伯分布 2. 自变量间无共线性存在 3. 样本数必须大于回归参数个数	1. 可解决判别分析中的非正态分布问题 2. 概率值介于 0 与 1 之间，符合概率假设前提 3. 模型适用于非线性状况 4. 模型可以解决虚拟变量问题	1. 使用模型时必须经过转换步骤才能求取概率 2. 计算程序较复杂	适用范围很广
人工神经网络法	Odom（1990）	无	1. 具有平行处理能力，处理大量资料速度较快 2. 无须任何概率分布假设 3. 具有自我学习与归纳判断能力	1. 网络收敛速度慢，需要较长的训练时间 2. 缺乏相对完整的理论构架说明其运作 3. 处理过程犹如黑箱，无法明确了解运作过程	理论抽象，适用范围有待提高

3．对定量方法的评价

定量方法的运用局限性很小，在企业财务危机的预警研究中是必不可少的环节之一，企业通过使用定量方法既可以对现阶段企业财务状况做出正确的判断，又可以促使企业财务预警发挥出更大的作用。

虽然企业财务危机预警中所使用的定性方法起着决定性的作用，但是同时也存在一些需要改善的不足之处，关于定性方法在企业财务危机预警发展中的不足，具体内容如下。

（1）研究结果会受到微观和宏观方面因素的影响。由于企业发展的实际状况根据时期和因素的不同会各有差异，所以定量方法的使用是有局限性的，并不能符合所有企业的财务危机预警需求。虽然定量方法的使用是依据企业财务报表和一些企业财务数据而得出来的结论，其科学性和合理性是毋庸置疑的，但是仍然无法满足所有企业在财务危机预警方面所面临的困境。

（2）使用的数据具有滞后性。定量方法最为突出的一个缺点是，所使用的数据在时间上具有一定的滞后性。即使能找到企业最新的报表和相关数据信息，其也是企业在多年经营过程中通过一系列的改革而得出的结果，在这种情况下，通过该种方法所得到的研究结果实际上表现的是企业在过去的财务状况，当前的财务状况则无法表现出来。

（3）单纯定量研究的效果难以让人信服。近年来，很多企业出现财务报表等数据不真实的情况发生，使人们开始对财务报表所得出来的预测结果产生质疑。因此，企业在对财务危机预警的研究中，如果只是使用定量方法进行财务预测的情况下，无法在人们心中取得信任，从而无法建立信任关系。

此外，企业构建财务危机预警模型采用定量方法时，会有出现数据判断错误的可能性。简而言之，企业对财务危机预测过程中，如果只采用定量方法来对财务进行分析与判断是片面的，需要与定性方法结合使用，才能全面找出企业产生财务危机的问题及解决对策，并且针对财务危机进行有效预防。

（三）定性方法和定量方法的区别

1. 受研究者的影响程度不同

定性方法和定量方法根据研究者主观方面的因素影响而产生不同的结果。就定性方法而言，其受研究者主观方面因素影响较大，比如，在同一家企业的不同研究者所研究出的结论是各有差异的。而就定量方法而言，所呈现的是企业的相关数据信息，对信息进行量化的处理，并且有规定的标准。因此，定量方法几乎不会受到研究者主观因素方面的影响。

2．分析角度不同

定性方法和定量方法的分析角度存在着较大的差异。定性方法主要是从财务危机"质"的角度来对财务问题进行了解，着重思考财务危机产生的原因及造成的结果。而定量方法主要是从财务危机"量"的角度对问题进行分析，着重通过数据来分析财务危机问题，运用数据统计等方式来对企业财务危机进行量化的分析。

参 考 文 献

[1] 张晓娜. 管理会计在企业成本控制中的应用 [J]. 爱情婚姻家庭, 2022（34）：176—178.

[2] 王瑜靓. 管理会计在企业成本控制中的应用研究 [J]. 老字号品牌营销, 2023（15）：146—148.

[3] 陈敏. 管理会计在公司成本费用管控中的应用问题及改善策略 [J]. 时代商家, 2022（17）：136—138.

[4] 姜川. 管理会计在企业成本控制中的作用研究 [J]. 投资与创业, 2021（16）：72.

[5] 吴成芝. 基于管理会计的企业成本管理体系完善分析 [J]. 财经界, 2020（6）：1.

[6] 翁立莹. 管理会计工具在制造业企业成本控制中的应用 [J]. 财会学习, 2020（4）：79.

[7] 杨恺瑞. 阿米巴管理会计模式下的××制造公司成本控制优化研究 [D]. 重庆：重庆理工大学, 2020.

[8] 郑敬东. 浅析降低企业成本的有效途径 [J]. 新商务周刊, 2020（3）：82.

[9] 田慧. 管理会计在国有工业制造企业中的应用探讨 [J]. 财会学习, 2020（35）：2.

[10] 刘金星. 管理会计实训与案例 [M]. 大连：东北财经大学出版社, 2020.

[11] 李成云, 张荷. 管理会计学 [M]. 成都：西南财经大学出版社, 2021.

[12] 查尔斯, 等. 成本与管理会计 [M]. 北京：中国人民大学出版社, 2021.

［13］云殿雷．论管理会计在企业成本控制过程中的作用［J］．金融文坛，2023（1）：118—120．

［14］何应胜．管理会计在企业成本控制中应用的策略［J］．理财：收藏，2023（4）：55—57．

［15］常新冉．管理会计在企业成本控制中重要作用分析［J］．大众投资指南，2023（17）：188—190．

［16］田敏．管理会计在企业成本管理中的应用解析［J］．大众文摘，2023（3）：137—139．

［17］张浩楠，马宁，赵清漪．管理会计在企业成本控制中的问题研究［J］．现代营销，2023（2）：67—69．

［18］吴星星，徐德安，丘雪，等．管理会计在企业成本控制中的应用［J］．金融文坛，2023（2）：139—141．

［19］黄忠琴．管理会计在企业成本控制中的应用［J］．中国经贸，2023（17）：91—93．

［20］徐杨．管理会计在企业成本控制中重要作用分析［J］．中国市场，2023（17）：141—143．

［21］武益华．管理会计在企业成本控制中的应用［J］．现代企业文化，2023（19）：29—32．

［22］李佳妍．管理会计在企业成本控制中的作用分析［J］．中文科技期刊数据库（全文版）经济管理，2022（10）：3．